ERWÄGUNGEN ZUR
PENTATEUCH
QUELLENFRAGE

# ERWÄGUNGEN ZUR PENTATEUCH QUELLENFRAGE

VON

SIGMUND MOWINCKEL

PROFESSOR DR. THEOL.

WIPF & STOCK · Eugene, Oregon

Wipf and Stock Publishers
199 W 8th Ave, Suite 3
Eugene, OR 97401

Erwägungen zur Pentateuch Quellenfrage
By Mowinckel, Sigmund
Copyright©1964 by The Estate of Sigmund Mowickel
ISBN 13: 978-1-61097-918-4
Publication date 2/15/2012
Previously published by Universitetsforlaget, 1964

## I. Neuere Angriffe auf die Quellenkritik.

In unserer alttestamentlichen Wissenschaft müssen wir wegen der Art unserer Quellen häufiger als wünschenswert mit Hypothesen arbeiten. Diese behaupten ihren Wert in dem Masse, in dem sie die jeweilig bekannten Mitteilungen und Tatsachen zu einem verständlichen Bild zusammenfügen und sie dadurch zu erklären versuchen können.

Das bedeutet nun aber, dass alte Probleme von Zeit zu Zeit wieder aufgenommen und neue Hypothesen geprüft werden müssen.

Ein solches Problem ist immer noch die quellenkritische Untersuchung des Penta-, bzw. Hexateuchs. Im Folgenden sollen einige Erwägungen zu dieser Frage angestellt werden.

So herrschend die Vierquellenhypothese in der alttestamentlichen Wissenschaft geworden war, und so gesichert ihre Resultate im allgemeinen galten, so hat es doch nie ganz an Widerspruch gefehlt.

DAHSE hatte seinerzeit den textkritischen Erweis führen wollen, wie unsicher der Wechsel der Gottesnamen als Quellenscheidungskriterium sei.[1] Er hat aber dabei ohne Zweifel den textkritischen Wert der LXX überbetont und ihr eine Autorität beigelegt, die sie in solchen Fragen wie der Wiedergabe der Gottesnamen nicht besitzt. Neuere Untersuchungen zu LXX haben gezeigt, dass man mit erheblichen Freiheiten ihrer Übersetzungstechnik rechnen muss.[2]

Zu den prinzipiellen Gegnern der Quellenscheidung gehörten auch KLOSTERMANN[3] und EERDMANNS.[4] Ihre Einwendungen sind von ganz anderen — unter sich höchst verschiedenen — Gesamtauffassungen vom Werden des Pentateuchs, bzw. der Genesis heraus geführt. Beide haben zwar auf verschiedene wunde Punkte der Argumente und Konklusionen der Quellenscheidung gezeigt; ihre Angriffe haben aber keinen besonderen Einfluss auf die allgemeine Auffassung der Fachgenossen gehabt, und besonders wohl, weil die von ihnen gebotenen Alternative zu der Quellenscheidung keine grössere innewohnende Wahrscheinlichkeit als die Parallelquellenhypothese besitzen. Beachtenswert war aber KLOSTERMANN's Versuch, das allmähliche Wachsen der Gesetzesstoffe des Pentateuchs aus den Belehrungen eines dem isländischen *lògsogumaðr* analogen öffentlichen Rechtskundigen zu erklären. Das genügt aber keinenfalls zur Widerlegung der Quellenhypothese.

Zu nennen sind auch die Versuche, die der jüdische Rechtsgelehrte HAROLD WIENER gemacht hat, die Quellenhypothese zu entkräften.[5] Er hat vor allem versucht, aus einer orthodox jüdischen Auffassung heraus, die kritische Auffassung von dem Unterschied zwischen der zentralistischen Auffassung des Deuteronomiums von dem legitimen Kultusort und den vielen Kultstätten der älteren Quellen zu widerlegen, was ihm nicht gelungen ist. — In seiner Auffassung hat er teilweise Meinungsgenossen in OESTREICHER[6] und STAERK,[7] und von einem etwas anderen Gesichtspunkt heraus auch in LÖHR[8] gefunden. Sie arbeiten aber alle drei mit Auffassungen von Alter und Ursprung des Deuteronomiums, die weder beweisbar noch haltbar sind.

MÖLLERs Angriffe auf die Pentateuchkritik[9] bauen nicht auf wissenschaftliche Argumente, sondern auf ein fundamentalistisches a priori und verraten zu viel von der typischen Renegatenmentalität «eines früheren Anhängers», wie er sich selbst benennt.

Hier gilt NOTHs allgemein gehalten Urteil: «von den zahlreichen Versuchen, die fast kanonisch gewordene Form der Hexateuchkritik anzufechten, haben natürlich diejenigen, die das ganze Problem nicht sehen wollen, keinen Wert».[10] Dasselbe gilt in der Tat von den Versuchen RUBOWs,[11] das Problem und die ernsten Lösungsversuche in raillierendem Journalistenton wegzuironisieren, ohne irgendwelche Angaben darüber zu geben, wie die Schwierigkeiten gelöst werden sollen. Darartige raillierende Anmerkungen sind unschwer anzubringen und mögen manchmal berechtigt sein; was man aber bei

RUBOW vermisst, ist eine positive Antwort darauf, wie die tatsächlichen Anstösse bei der Annahme eines einzelnen planmässig arbeitenden Verfassers erklärt werden sollen, bezw. können.

Wie die übliche kritische Auffassung von Deuteronomium — späteste vorexilische Zeit — von WIENER, OESTREICHER, STAERK und LÖHR angegriffen worden ist, so ist auch die kritische Auffassung von der *Priesterschrift* (P) bezweifelt worden. So hat LÖHR sich vorgenommen, die Theorie von der Existenz einer eigenen Quelle P in Genesis zu widerlegen.[12] Auch er ist genötigt, die dem P allgemein zugeschriebenen Stücke in Genesis als ihrem jeweiligen jetzigen Zusammenhang nicht ursprünglich zugehörig auszuscheiden; er will sie aber als eine Reihe von mehr oder weniger zusammenhängenden Einschüben, Ausfüllungen und sekundären Überschriften erklären — was kaum eine Verbesserung der Quellenhypothese ist. Eine ähnliche Auffassung von P hat VOLZ in seinem unten zu behandelnden Angriff auf die Quellenscheidung behauptet,[13] während ENGNELL in «P» den eigentlichen «Verfasser» sieht, der die vielen, ursprünglich selbständigen Einzelerzählungen zu einem zusammenhängenden Sagabuch, dem «Tetrateuch» Gen-Num gesammelt habe.[13a]

Bekanntlich wurde von der ältesten Literarkritik P, damals «der Elohist» genannt, als die älteste Quelle und die «Grundschrift» betrachtet. ILGEN hatte aber die Unterscheidung zwischen einem «ersten» und einem «zweiten» Elohisten inauguriert.[14] Besonders aber hat HUPFELD diese Hypothese weitergeführt,[15] vieles was man früher dem «P» (der Grundschrift) zugeschrieben hatte, dem «J» zugewiesen und in dem «jüngeren Elohisten» eine mit J zusammengearbeitete jüngere Quelle gesehen. Man operierte somit mit 3 erzählenden Hauptquellen, den in der späteren Literarkritik P, J und E genannten. In dem E sieht die noch herrschende Literarkritik eine mit J parallel laufende unabhängige jüngere Quellenschrift E. Das war geradezu wissenschaftliches Dogma geworden.

In neuester Zeit ist aber diese Hypothese von mehreren Seiten angefochten worden. — Wohl nicht ohne Beeinflussung von dem eigentlich von GUNKEL und GRESSMANN inaugurierten traditionsgeschichtlichen Gesichtspunkt, gewiss aber von einer breiteren und tieferen Erkenntnis althebräischer Denkweise und Ausdrucksweise heraus hat JOHS. PEDERSEN mehr gelegentlich Opposition gegen die Parallelquellentheorie und ihre Ergebnisse, besonders gegen die Unterscheidung zwischen J und E geäussert, indem er immer konkrete Fälle vor sich genommen und seine Stellung eingehend begründet hat.[16]

Einen prinzipiellen Angriff auf die J- und E-Hypothese wurde von STAERK von einem traditionsgeschichtlichen Gesichtspunkt heraus gerichtet mit Exemplifizierung an Gen 1–11 und 15.[17] Die Unebenheiten und Widersprüche, auf die die Kritik sich gestützt hatte, hatten nach ihm ihren Grund teils darin, dass Motive aus verwandten Sagen schon auf dem mündlichen Stadium der Überliefering zusammengeflossen seien, teils darin, dass J ursprünglich selbständige Erzählungen zu einem sinnvollen Ganzen zusammengeflochten hatte, das von einem bestimmten religiösen Gesichtspunkt heraus gesehen wurde. — Genannt sei in diesem Zusammenhang auch der Versuch U. CASSUTOs, die literarische Einheitlichkeit von Gen 11:29–13:4 zu beweisen.[18] CASSUTO geht auch auf die sprachlichen Argumente der Quellenscheider ein; wenn diese etwa *šifḥâ* für ein charakteristisches J-Wort, *'âmâ* für das entsprechende gleichbedeutende E-Wort erklären, will er zeigen, dass ersteres ein indifferenter Gattungsbegriff, letzterer ein juristischer Terminus sei (*op. cit.* S. 331f).

In 1933 erschien VOLZs und RUDOLPHs obengenanntes Buch über den Elohisten, das, an die Genesis anknüpfend, zeigen wollte, dass die Hypothese von einer selbständigen, mit dem Jahwisten parallel laufenden Quellenschrift E ein «Irrweg der Pentateuchkritik» sei. Die vermeintlichen «Widersprüche» zwischen den verschiedenen Erzählungen seien oft nur Einbildungen der Exegeten; die vermeintlichen E-Stücke seien teils wirkliche J-Erzählungen, teils Varianten und Doubletten innerhalb der Textüberlieferung, teils sekundäre Ausfüllungen. Der Wert der Gottesnamen als Kriterium verschiedener Quellen wird geleugnet, indem man sich bemüht zu zeigen, dass der Wechsel jedesmal sachlich-theologisch begründet sein soll. — Hier ist natürlich für allerlei theologische Spitzfindigkeiten reichliche Gelegenheit, und man darf wohl bezweifeln, dass die Erzähler sich jedesmal dieser «Feinheiten» bewusst gewesen seien. Andererseits darf man auch füglich bezweifeln, dass die alten Verfasser, geschweige denn die mündlichen Erzähler, konsequent nur eine Gottesbezeichnung verwendet haben. Erst P hat eine konsequente Theorie über die Kenntnis und den Gebrauch der Gottesbezeichnungen in Israel (Elohim – El Schaddai – Jahwe) — schon an sich ein starkes Indizium für die einmalige Eigenexistenz eines Verfassers und eines Werkes P.

In 1938 folgte RUDOLPHs Fortsetzung des genannten Buches, die Untersuchung der J-E-Frage in Exodus bis Josua.[19] Er rechnet mit nur zwei Quellen, P und J. — Eine methodische Einwendung gegen sowohl VOLZ wie RUDOLPH ist, dass sie, obwohl traditionsgeschichtliche Gesichtspunkte nicht fehlen (s. oben), doch in zu hohem Grade die Frage als eine literarische betrachten. Das führt dazu, dass sie in einem bedenklichen Grade mit literarischen Zusätzen und Zusätzen zu den Zusätzen rechnen. — Es kann aber nicht geleugnet werden, dass die oben genannten Forscher so viele schwache Punkte in der geltenden J-E-Theorie aufgezeigt haben, dass jedenfalls diese Frage wieder in Fluss gekommen ist.

Insofern ist es verständlich, wenn die neue Lage nicht selten als ein «für oder gegen WELLHAUSEN» charakterisiert wird.[20] Das ist aber zu einem gewissen Grade irreführend.[21] Es handelt sich hier nicht um eine von Anfang an bewusste Reaktion gegen WELLHAUSEN, sondern um eine mit dem ganzen Gange der alttestamentlichen Wissenschaft gegebene innere Revision der literarischen Ansichten WELLHAUSENs.[22] Der Kern dieser, der eben seine dauernde Grosstat war, ist die unwiderlegbare relative Chronologie der anzunehmenden Quellen, bzw. der von diesen vertretenen geschichtlichen Milieuen, die in den Symbolen J–E–D–P ausgedrückt werden. Die Fragen der neueren «Angriffe» auf die darin ausgedrückte Quellenscheidung kann recht besehen so formuliert werden: was ist unter dem «E» und dem «P» der klassischen Literarkritik eigentlich zu verstehen? Die Antworten betreffs «E» bilden eine recht nuancierte Reihe, von dem klassischen: eine selbständig existierende, dem «J» parallel laufende Geschichtsdarstellung, bis: eine Reihe von späteren Zusätzen zu «J». Betreffs «P» ist die Lage eine analoge: eine knappe, die ganze Masse der Gesetze einschliessende Darstellung derselben Geschichte, bis: eine Reihe von Einlagen in das ältere Geschichtswerk J (bzw. JE). Nur scheinbar weicht ENGNELLs Auffassung von P ab: die von dem Sammler und «Verfasser» des «Tetrateuchs» selber zu der älteren Traditionsmasse hinzugefügten Stücken, teils verbindender und erklärender Art, teils aber wohl auch aus anderen Traditionskreisen übernommen.

Diese Revision der alten Fragestellung ist eigentlich nicht aus der klassischen Literarkritik selber hervorgegangen. Es sind neue und erweiterte Kenntnisse, die inzwischen hinzugekommen sind und allmählich auch auf die literarkritischen Fragen eingewirkt haben. Die wichtigsten von diesen waren 1. die erweiterten Kenntnisse zu dem umgebenden alten Orient; 2. die formgeschichtliche Forschung; 3. die damit verbundene traditionsgeschichtliche Betrachtung.

WELLHAUSEN selber hatte gelegentlich, wenn auch nur in allgemeinen Wendungen, angedeutet, dass die von den respektiven Quellen gegebenen Stoffe in vielen Fällen älter als ihre literarische Fixierung sein konnten. Und unter den Forschern, die sich grundsätzlich der Wellhausenschen Literarkritik angeschlossen hatten, hat z. B. KITTEL sich oft und wiederholt darum bemüht, ältere, z. T. viel ältere Stoffe innerhalb des P aufzuzeigen.[23]

Dass WELLHAUSEN auf dem Grunde der literarkritischen Erkenntnis des relativen Alters der alttestamentlichen Quellen seine glänzende Darstellung der äusseren und geistigen Geschichte Israels und des Judentums schrieb, soll ihm nur zu Ruhm und Ehre dienen. Von seiner *Israelitischen und Jüdischen Geschichte* ([6]1907) ist immer noch viel zu lernen, und es sollte keinen alttestamentlichen Forscher geben, der nicht dies Buch zusammen mit W.s *Composition des Hexateuchs und der historischen Bücher des Alten Testamentes* ([3]1899) und seinen *Prolegomena zur Geschichte Israels* ([6]1899) studiert hätte.

Die relative Chronologie der Hexateuchquellen führte auch zu der Umkehrung der traditionellen Reihenfolge: Gesetz – Psalmen – Propheten, zu der neuen: Sagen und Geschichtsüberlieferungen – Propheten – Psalmen – Gesetz, was allerdings als Devise brauchbar war, nicht aber als Geschichtsgerippe verwendet werden durfte.

Was man aber an WELLHAUSENs *Isralitische und jüdische Geschichte* kritisieren darf, ist weder sein «Evolutionismus», noch sein behaupteter, in Wirklichkeit kaum spürbarer, «Hegelianismus»,[24] sondern die fast vollständige Isolierung der inneren Geschichte Israels von dem umgebenden älteren Orient. Obwohl schon damals sowohl das babylonische Schöpfungsepos und die Flutgeschichte und eine babylonische Psalmendichtung der wissenschaftlichen Welt bekannt waren, so kann man mit einer gewissen Übertreibung sagen, dass WELLHAUSEN seine «Israelitische Geschichte» so geschrieben hat, als wenn Israel auf einer isolierten Insel gelebt hätte.

Inzwischen ging die Erforschung des alten Orient mit Sturmschritten weiter. Die erweiterten Kenntnisse zu der Literatur des alten Orients mussten notwendig die Vermutung erwecken, dass Vieles im Alten Testament, das vielleicht literarisch recht jung, etwa von P überliefert war, dennoch als Tradition viel älter sein konnte. Es genügt, auf die oben erwähnten Dichtungen hinzuweisen. Die methodische Erforschung solcher alttestamentlichen Überlieferungen begann in der Tat schon mit GUNKELs «*Schöpfung und Chaos in Urzeit und Endzeit*» (1895), dem Anfang einer traditionsgeschichtlichen Untersuchung eines alttestamentlichen Stoffes, der in GUNKELs *Genesiskommentar* auch auf viele andere Stoffe angewendet wurde, hier meistens unter der Bezeichnung: vorliterarische Stadien der Überlieferung. Die traditionsanalytische und traditionsgeschichtliche Methode wurde von GRESSMANN auf *Mose und seine Zeit* (1918) angewendet. Dabei waren sowohl GUNKEL wie GRESSMANN Zeit ihres Lebens überzeugte Anhänger der Wellhausenschen Quellenkritik, wenn sie auch nicht an der Feinteilung von P ($P^G$, $P^S$, $P^X$ usw.) besonders interessiert waren und mündlich damit Spass machen konnten — von einem traditionsgeschichtlichen Interesse heraus wohl verständlich.

Hand in Hand mit dem traditionsgeschichtlichen Interesse ging recht früh auch die form- und gattungsgeschichtliche Forschung, ebenfalls von GUNKEL inauguriert. Auch diese führte notwendig zu einer Auflockerung der rein literaturkritischen Orientierung der älteren kritischen «Schule». Auch hier kamen Impulse von der erweiterten Kenntnis des umgebenden Orients hinzu. Die methodische formgeschichtliche Erforschung der Psalmen zeigte, dass eine lange Entwickelungsgeschichte der Gattungen hinter den biblischen Psalmen liegen musste, wie auch die Kenntnis zu der altorientalischen «Königsideologie» die einzige natürliche Auffassung der biblischen Königspsalmen (wieder) zu Leben erweckte. Und während WELLHAUSEN noch schreiben konnte, dass «ohne Jeremia die Psalmen nicht geschrieben wären», so konnte schon GUNKEL die Vermutung von einem interorientalischen Psalmenstil, von dem auch die israelitischen

Psalmendichter mit Kanaan als Zwischenglied abhängig seien, aufstellen — eine Vermutung, die die Ugarittexte vollauf bestätigt haben.

Sobald das Gesetz Chammurapis in 1903 bekannt geworden war,[25] wurde es den Alttestamentlern klar, dass die vielen nahen, sachlichen und formalen Berührungen mit dem mosaischen Gesetz auch auf die Geschichte und das Alter desselben Licht werfen und zu einer Revision der üblichen kritischen Datierung der Gesetzesstoffe in Ex 21f und in P führen konnten.[26] Während SELLIN noch mit der naiven Vorstellung von Mose als in der Wüste über einem Exemplar des Chammurapigesetzes sitzend operieren konnte,[27] so hat die seitdem fortgehende archäologische, philologische und geschichtliche Erforschung Palästinas auch dieses Land als eine babylonisch-mesopotamische und ägyptische Kulturprovinz nachweisen können, in der auch babylonisch-mesopotamisches Recht ihren sachlichen und formalen Einfluss ausgeübt hat, und dadurch Kanaan als Zwischenglied zwischen babylonischem und israelitischem Recht und Gesetz aufgezeigt. Mit Ausgangspunkt in der «Formgeschichte» hat dann ALT die beiden Haupttypen der israelitischen Gesetzesbestimmungen je auf das interorientalische und auf das sakrale israelitische Recht zurückführen können.[28] Dass das auch für die Geschichte der Gesetze des Pentateuchs von Bedeutung sein muss, ist einleuchtend.

Endlich darf erwähnt werden, dass schon in 1916 der gegenwärtige Verfasser versucht hat, die von GRAF und WELLHAUSEN verfochtene Deutung von Neh 8 als dem Originalbericht von der Einführung eines «neuen Gesetzes», sei es P, sei es der Pentateuch — ein Hauptpunkt der Graf-Kuenen-Wellhausenschen Datierung der Pentateuchquellen —, als ein Irrtum zu erweisen.[29]

Dies alles ist ohne prinzipiellen Bruch mit der Wellhausenschen Grundposition geschehen. Es handelt sich um z. T. recht tiefgreifende Revisionen und Erweiterungen von vielen von seinen Ansichten; ein bewusster Antiwellhausnianismus liegt nicht darin. WELLHAUSENs Literarkritik ist trotz allem der fruchtbare Ausgangspunkt gewesen. Auf der Basis irgendeiner der vielen denkbaren Modifikationen der Wellhausenschen Grundposition betreffend die Penta-, bzw. die Hexateuchfrage stehen auch fast alle neuere Einleitungen in das Alte Testament, wie z. B. EISSFELDT, WEISER, PFEIFFER, BENTZEN, KUHL, ANDERSON u. a. Von einem prinzipiellen Antiwellhausenianismus darf man eigentlich nur bei ENGNELL reden, der jede literarktitische und quellenscheidende Behandlung des Pentateuchs überhaupt verwirft, bisher aber keine Beweisführung für seine Thesen geliefert hat.

Wie wir aber gesehen haben, sind in neuerer Zeit ernst zu nehmende Schläge gegen zwei wichtige Punkte der üblichen literarkritischen Behandlung des Pentateuchs gerichtet worden: gegen die Existenz einer eigenen Quelle E und gegen P als erzählenden Verfasser. Es lohnt sich, mit der letzteren Frage anzufangen, weil es auch von den Gegnern der Quellenkritik zugegeben wird, dass die allgemein zu P gerechneten Partien ihre klaren stilistischen, sprachlichen und ideologischen Charakteristika haben und literarisch zusammengehören, einerlei ob man in P eine eigene literarische Quelle oder den Sammler oder einen «Redaktor» des ganzen «Tetrateuchs» sieht.

## II. Die Priesterschrift im Pentateuch.

### 1.

Bekanntlich hat die quellenscheidende Pentateuchkritik sich recht früh zu einer Hexateuchkritik erweitert, indem die meisten Forscher die pentateuchischen Quellenschriften (J, E, P) auch im Buche Josua finden wollen. Die Berechtigung dazu ist wieder von NOTH geleugnet worden.[30] Wir wollen auf diese Frage hier nicht eingehen, sondern begnügen uns mit dem Pentateuch. Das wird in praxi sagen: mit Genesis bis Numeri, da in Dtn Spuren von den älteren Quellen gewöhnlich nur in dem letzten Kapitel gefunden werden. Ich bemerke hier nur, dass ich NOTH'S Beweisführung nicht überzeugend finde; ich glaube vielmehr, dass sowohl J wie P auch in Josua klar nachweisbar sind.[31]

Wie erwähnt (S. 3) haben sowohl LÖHR wie VOLZ versucht, die Hypothese von der Quelle P mit einer Glossierungs- und Interpolations-Hypothese zu ersetzen; die vermeintlichen P-Stücke sollen spätere, unter sich zusammenhängende Erweiterungen und Glossierungen des älteren Geschichtswerkes (JE) sein. LÖHR hatte sich auf Genesis beschränkt. Seine Positionen und seine Gründe sind von STAERK mit sehr guten Gründen bestritten worden.[32] — Nicht glücklicher ist VOLZs Versuch, dem «Erzähler» P loszuwerden.[33] Die Eigenexistenz der dem P gewöhnlich zugeschriebenen Gesetzesstoffe will VOLZ nicht leugnen, nur dass diese jemals von einem «erzählenden» Werke P umgerahmt gewesen seien. Er sagt: «Man beachte, dass ich mich.... nur gegen die Annahme eines Erzählers P, nicht gegen die eines Gesetzgebers P oder dgl. wenden möchte» (op. cit. S. 142). Genau dieselben Gründe, die STAERK gegen LÖHR geltend gemacht hat, können aber gegen VOLZ gewendet werden. Und es ist bezeichnend, dass VOLZs Mitarbeiter RUDOLPH in demselben Buche erklärt: «Die Bedenken gegen die Wellhausensche Quellenkritik, die sich mir je länger je mehr aufdrängen, richten sich nicht gegen die Quellenscheidung überhaupt: dass J die älteste und P die jüngste Quelle des Pentateuchs ist, scheint mir unerschüttert und unerschütterlich» (S. 145). Die Frage kann folgendermassen formuliert werden: gibt es innerhalb des als eine Vorgeschichte Israels hervortretenden Geschichtswerk Genesis bis Numeri + Dtn (32–)34 unter sich zusammenhängende, evtl. mit dem «Hauptstrange» der Erzählung zusammengeflochtene Stücke von einem solchen besonderen sprachlichen, stilistischen, ideologischen und theologischen Charakter, dass sie als von einem eigenen literarischen Werke stammend ausgeschieden und erklärt werden müssen?

2.

ASTRUCs Ausgangspunkt war bekanntlich der anscheinend unmotivierte Wechsel zwischen den Gottesbezeichnungen Jahwe und Elohim; daher konnte er schon bei Gen 1 und 2f einsetzen. Es zeigte sich aber bald, dass zu der Elohimquelle viele Stücke gerechnet worden waren, die ihrem ganzen Charakter nach den Jahwestücken viel näher standen, was ILGEN zu der Annahme eines zweiten «Elohisten», des «E» der späteren Kritik führte. Seitdem ist, wie wir gesehen haben, der Wert des Wechsels der Gottesbezeichnungen des öfteren angefochten worden, u. a. von DAHSE und RUBOW.

Ein Stück, in dem man aber unzweideutige Spuren einer redaktionellen Zusammenflechtung eines Jahweberichtes und eines Elohimberichtes zu finden meinte, ist die *Flutsage Gen 6–8*, die immer noch als ein Musterbeispiel wohlgelungener Quellenscheidung gilt, vgl. GUNKEL im Kommentar. VOLZ will aber hier nicht zwei zusammengeflochtene «Erzählungen», sondern nur eine spätere Bearbeitung und Glossierung einer älteren Erzählung finden. Er «setzt voraus», dass diese in der Absicht bearbeitet worden sei, um verwendbarer als Lesetext bei dem Neujahrsfeste zu sein, deswegen sind die «kosmischen» Züge, wie *tĕhom* und *ruaḥ* eingetragen worden, wie auch die Einschaltung einer, der älteren widersprechenden Chronologie «irgendwie mit dem liturgischen Aufbau der Festlegende zusammenhängt». Das sind alles unbeweisbare «Voraussetzungen». Kosmisch, weltumfassend ist die Flutgeschichte von jeher gewesen, wie das babylonische Original beweist. Eine dritte widerspruchsvolle Einschaltung des Bearbeiters soll die Zahl der in die Arche mitgebrachten Tiere betreffen; statt je 7 Paare von den reinen und je 1 Paar von den unreinen Tieren in der Erzählung des J habe der «Bearbeiter» P je 1 Paar von allen existierenden Lebewesen eingeschaltet; er habe sich nämlich gesagt, «dass vor der Zeit der Kultgesetzgebung durch Mose ein Unterschied zwischen Reinem und Unreinem nicht denkbar war». Wenn diese Überlegung der Grund zu der Gleichschaltung des jügeren Berichters sein sollte — was an sich nicht unmöglich ist[34] — so begreift man nicht, warum das nicht eben so gut in einer selbstständigen existierenden Variante der Erzählung stattgefunden haben sollte; einen Zusatz eines Bearbeiters hier anzunehmen ist mindestens ganz unnötig.

Dass die beiden chronologischen Systeme in der Flutsage in unvereinbarem Widerspruch zu einander stehen, gibt auch VOLZ unumwunden zu. Seine Erklärung aus einer möglichen Rücksicht auf den liturgischen Aufbau der hypothetisch als Neujahrsfestlegende benutzten Sage ist aber überhaupt keine Erklärung. Wenn der «Bearbeiter» eine andere Chronologie in die Geschichte einzutragen gewünscht hätte, so wäre es ja viel einfacher, die älteren Angaben zu streichen, oder umzuarbeiten. VOLZ wendet dagegen ein, dass dazu der Text dem Glossator schon zu autoritativ und unabänderlich war. Warum dann auch nicht gegen grosse Zusätze geschützt? Auch die beiden einander widersprechenden chronologischen Systeme erklären sich viel einfacher, wenn der «Bearbeiter» — in casu R$^{JP}$ — sich vor die Aufgabe gestellt sähe, zwei vorliegende, gleich ehrwürdige und autoritative, «heilige» Texte mit einander zu einer Einheit zusammen zu arbeiten.

Im Anschluss an CASSUTO[35] hat EDU. NIELSEN den Versuch unternommen zu zeigen, dass zwischen den angeblichen zwei Chronologien überhaupt kein Gegensatz besteht; die gewöhnlich dem J zugeschriebenen Zahlangaben lassen sich vortrefflich mit den gewöhnlich dem P zugeschriebenen vereinigen.[36] Wir können von den sich auch bei NIELSEN findenden Hinweisen auf die Neujahrsfestliturgie absehen; es gibt keine Beweise dafür, dass die Flutsage jemals als Neujahrslegende benutzt worden sei.[37] So genügt es, auf seine Behandlung von 7:24 im Verhältnis zu :8: 2b einzugehen. Er referiert die gewöhnliche kritische Argumentation: in 7:24 wird erzählt, dass «die Wasser stiegen[38] über die Erde 150 Tage», das passe aber nicht mit 8:2b «Dem Regen ward aber vom Himmel her gewehrt» zusammen, da die Dauer des Regens in 7:12 ausdrücklich auf 40 Tage und 40 Nächte angegeben wird. Diese Einwendung, sagt NIESEN, gilt nicht für denjenigen, der «ein bisschen Kenntnis von dem semitischen Erzählungsstil hat». «7:24 steht als Abschluss eines Abschnittes, der von der Verwüstung der ganzen Erde erzählt; dieser Abschnitt wird sehr natürlich von einer vorgreifenden Bemerkung darüber, dass diese ganze Katastrophe in 150 Tagen voll wirksam war, abgeschlossen. Dass diese Notiz wirklich vorgreifend sei, ersieht man aus 8:3 «Und die Wasser fielen nach dem Verlauf von 150 Tagen». — Es ist gar nicht einzusehen, wie 7:24 eine «vorgreifende» Bermerkung sein solle, und dass der Vers von der vollen Herrschaft «der ganzen Katastrophe» handle, steht auch nicht da. 7:24 erzählt als Glied der fortschreitenden Erzählung von dem Steigen des Wassers, bis es ein Maximum erreicht hatte; 8:3b erzählt als Fortsetzung davon, dass das Wasser nach dem Steigen nun 150 Tage für das allmähliche Abfallen brauchte. Der Widerspruch zwischen 7:24 und 8:2b bleibt bestehen. Damit fallen alle weiteren Harmonisierungsversuche.

Nun gibt es auch nach VOLZ eine weitere Reihe von Sätzen, die der «Bearbeiter» P hinzugesetzt haben soll, so viele, dass wir hier tatsächlich die Bausteine einer parallelen Erzählung von der Flut vor uns haben. Der «Bearbeiter» muss somit auch eine Variante besagter Erzählung gekannt haben, aus der er Stücke in den vorliegenden J hineingearbeitet hat. Er *mag* sie mündlich gekannt haben; das will hier nicht so viel besagen; sie hat jedenfalls in ihrer festen Form existiert und ist mit J zusammengeflochten worden. Dann liegt aber in Gen 6–8 jedenfalls kein *Beweis* dafür vor, dass diese Arbeit von einem Glossator herrührt. Mindestens eben so gut möglich ist die quellenscheidende Erklärung. Wenn aber hier Elemente von zwei parallelen Varianten vorliegen, so kann es nicht methodisch richtig sein, mit VOLZ überhaupt alle diejenigen Sätze, die mit J nicht direkt unvereinbar sind, diesem zuzuschreiben. Dann sollte man in jedem einzelnen Falle fragen, wie die Quellenkritiker auch getan haben: in welche der beiden Varianten passt dieser oder jener Satz am besten hinein?

Obige Betrachtungen haben ihre Gültigkeit, auch wenn man in VOLZs «Bearbeiter» den Sammler und «Redaktor» der ganzen Genesis in ENGNELLs Sinne sieht. Auch dann har er zwei Varianten gekannt, und diese nach der Art des «Redaktor» der Quellenscheider zusammen gearbeiter.

Man könnte nun vielleicht annehmen, dass die Zusammenfügung der beiden Varianten schon auf dem mündlichen Stadium der Überlieferung stattgefunden habe; das wird wohl die Meinung EDU. NIELSENs sein, wenn er die Flutgeschichte in seinem *Oral Tradition* behandelt hat. — Die vorliegende Erzählung sieht aber nicht danach aus. Wenn in dem mündlichen Leben einer Erzählung Zusammenschmelzung von mehreren Varianten stattfindet, wird es sich meistens um einzelne Motive einer Variante handeln, die in die Erzählung aufgenommen werden und dabei wirklich organisch in diese mittels der bewussten Kunst des berufsmässigen Erzählers hineingearbeitet werden. Für genaue, detaillierte chronologische Angaben und dergleichen hat die mündliche Erzählung kein Interesse, weil die Zuhörer das meistens nicht haben. Wenn sie überhaupt mit Zahlen arbeitet, so sind es die runden, und man darf hinzufügen: übertreibenden Zahlen, die sie liebt. In Gen 6–8 sind aber die Nähte zwischen den

Stücken aus den beiden Varianten meistens deutlich erkennbar; man merkt überall, dass der Zusammenarbeiter sich bemüht hat, möglichst viel aus den beiden aufnehmen zu können, und in den Wortlaut der beiden fast nie eingegriffen hat. Daher ist auch der stilistische Unterschied zwischen den J und P respektive zugeschriebenen Stücken überall deutlich. Der «Redaktor» — hier darf man diesen Ausdruck benutzen — hat sich offenbar von seinen beiden Vorlagen und ihrem Wortlaut gebunden gefühlt, weil sie beide als autoritative schriftliche Überlieferungen vorlagen.

Hier kommt nun auch der Wechsel der Gottesnamen in Betracht. Einen sachlichen order «theologischen» Grund für den Gebrauch des einen oder des anderen Namen in jedem einzelnen Falle ist es keiner noch so ausgeklügelten Exegese gelungen nachzuweisen. Man sollte denken, dass ein Erzähler, der seine Erzählung aus mündlicher Kunde zusammenmemoriterte, unwillkürlich eine bestimmte Gottesbezeichnung vorziehen und mehr oder weniger konsequent durchführen würde. Der unmotivierte Wechsel erklärt sich unbedingt am besten, wenn man zwei schriftliche Vorlagen annimmt, von derer Wortlaut der Redaktor sich gebunden fühlt.

Der Redaktor hat seine Arbeit mit grosser Pietät vorgenommen. Die tatsächlichen Widersprüche hat er nicht zu entfernen gesucht, etwa durch Streichungen oder Textänderungen, wie er auch keine Zusätze getan hat. Der jüngere Bericht (P) ist vollständig erhalten, von dem älteren fehlen ein paar Sätze hinter 6:8 und 8:13 und zwischen 8:6a und b, die von den entsprechenden in P gedeckt waren.[39] Dass wirkliche Widersprüche vorlägen, hat er sich ebenso wenig denken können, wie die jüdischen und christlichen Theologen zweier Jahrtausende. Über das, was wir heute als Widersprüche festgestellt haben, hat er sich selbstverständlich seine Gedanken gemacht und eine ihm befriedigende Erklärung gefunden. Die 7 + 40 + 40 + 7 + 7 Tage des älteren Berichts hat er als in das «1 Jahr» des jüngeren eingeschlossen gedacht. Die Notiz in 7:2f über je 7 Paare von den reinen und je 1 Paar von den unreinen Tieren hat er als eine genauer erklärende «Nachholung» zu dem generellen Gebot in 6:19 aufgefasst, usw. Auch das ist die Weise eines mit geschriebenen Quellen arbeitenden «Verfassers».

3.

Wenn in Gen 6–8 eine Zusammenredigierung von zwei parallelen Quellen vorliegt, jeder von dem Gebrauch einer besonderen Gottesbezeichnung Jahwe, resp. Elohim chrakterisiert, so kann man nicht umhin, diesen Unterschied in Verbindung mit den zwei Schöpfungsberichten Gen 1 mit Elohim und Gen 2f mit Jahwe (oder Jahwe Elohim) zu setzen. Hier war es dem Redaktor ein Leichtes, Kp. 2f als die nähere Ausführung einiger besonderen Punkte in Kp. 1 aufzufassen. — Entsprechende Doubletten finden sich auch sonst in der Urgeschichte Gen 1–11.

Ich habe an anderem Orte versucht zu zeigen, dass man auch nicht in Ex 1–15 ohne die Annahme von zwei literarisch zusammengearbeiteten Quellen, gegebenenfalls J und P, auskommt.[40] Die ägyptischen «Plagen» fallen deutlich in zwei verschiedene Haupttypen, von denen die eine allgemein P zugeschrieben wird — einerlei ob P ein Verfasser oder der «Redaktor» des «Tetrateuchs» ist. Mit P's Geist und Ideen stimmt bei der einen Reihe dieser Plagen die starke Hervorhebung von Ahron neben Mose, ebenso das bewusst unterstrichene Mirakulöse in den Wundern, das sich deutlich von der naiveren Vorstellung des anderen Typus unterscheidet; ebenso die Hervorhebung der Überlegenheit Moses und Ahrons über die ägyptischen «Zauberer», usw. Dazu kommen die hervortretenden Gesetzesstoffe und das rituelle Interesse, die Geneologien und anderes, die wir innerhalb des Komplexes Ex 1–15 finden. Das alles zeigt, dass wir hier auch mit P zu tun haben. Deutlich ist auch, dass Ex 6:2ff nicht nur eine stoffliche Parallele zu Ex 3 ist, sondern auch, dass erstere sich sowohl sprachlich wie stilistisch und hinsichtlich ihrer theologisch-spekulativen Art von letzterer unterscheidet und deutliches P-Gepräge hat.

In seiner Untersuchung des J-E-Problems in Exodus bis Josua geht RUDOLPH auch auf VOLZs These über P ein. Er ist geneigt zuzugeben, dass die «Bearbeitungshypothese» hinsichtlich Jos 14–19 und Dtn 34:1–9 wahrscheinlich ist, «weiter kann aber die Zustimmung zu VOLZ nicht gehen». «Denn», sagt RUDOLPH, «in Ex und Num haben wir eine Reihe von P-Stücken gefunden, die nicht lediglich geistliche Abhandlungen, sondern wirkliche Erzählungen sind; z.

Teil laufen sie mit den entsprechenden J-Erzählungen parallel (wie z. B. die ägyptischen Landesplagen, der Aufstieg Moses auf Sinai, die Aussendung der Kundschafter), bringen jedoch immer eine neue Note in die Darstellung hinein; z. Teil haben ihre Stoffe keine Parallelen bei J (die Rotte Korahs, Moses und Ahrons Unglaube und Ungehorsam, Pinchas's Tod). Vor allem aber bildet dieser ganze P-Text einen Zusammenhang, der ohne Lakunen und in sich selbst verständlich ist».[41]

Auch NOTH gibt die Existenz einer eigenen Quelle P in Num 10, 20, 22, 27 und Dtn 34 zu.[42] Für die gewöhnlich dem P zugeschriebenen Stücke in Num 10–36 nimmt er eine, wie er selbst zugibt, sehr komplizierte Entstehungsgeschichte an.[43] Dass aber P vertreten ist, und dass die P-Stücke auf einen Bericht über die Landnahme hinweist, der aber nach NOTH nicht mehr vorhanden ist, das gibt auch er zu.[44]

### 4.

Nun wird auch von den neueren Gegnern der Hypothese von einer eigenen Quelle P zugegeben, dass die meisten der dem P zugeschriebenen Stücke sowohl sprachlich-stilistisch und in ihrer Art zu erzählen, als ideologisch und «theologisch» und hinsichtlich ihrer Interessesphäre sich sehr deutlich von ihren wirklich erzählenden Umgebungen abheben und jedenfalls in obiger Hinsicht unter sich zusammenhängen. Die von VOLZ behauptete «Bearbeitung» ist in dieser Hinsicht eine einheitliche. Das wird auch von ENGNELLs Auffassung gelten, der in P den Sammler, Redaktor und Umrahmer der alten, nach der üblichen Auffassung in J — besw. J und E — aufgenommenen Überlieferungen sieht; eben sprachlich und ideologisch ist auch für ENGNELL «P» eine erkennbare Grösse für sich.

Es lässt sich auch nicht leugnen, dass diese P-Stücke unter sich einen recht guten Zusammenhang bilden; vgl. die oben zitierten Sätze von RUDOLPH, oder die Zusammenstellung der P-Stücke von Gen 12 bis Ex 6 bei WELLHAUSEN, *Prolegomena*,[5] S. 331ff.

Liegt aber darin ein Beweis für die Eigenexistenz einer Quelle P? JOHS. PEDERSEN ist geneigt, das zu bezweifeln;[45] VOLZ und ENGNELL meinen, dass wir besser mit einer Bearbeiter-, bzw.

Sammlerhypothese auskommen. — Man könnte folgende Betrachtungen anstellen: Wenn ein «Bearbeiter» oder «Sammler-Redaktor» eine Serie von erzählenden Stücken herstellt, von denen viele den Charakter von kurzen chronologischen und genealogischen Notizen oder von kurzen überschriftähnlichen Angaben über dieses oder jenes Ereignis haben, so wird eben die Zusammenstellung von solchen Stücken, wie die Quellenkritiker sie bei den P-Stücken vorgenommen haben, von selbst eine Art von Zusammenhang ergeben, wie etwa das Inhaltsverzeichnis eines Buches, das eben aus dem Buche exzerpiert ist, einen solchen geben kann. Sollte vielleicht der zwischen den P-Stücken gefundene Zusammenhang dieser Art sein?

Gegen eine derartige Folgerung spricht nicht nur die Weise, in der die Zusammenflechtung der Varianterzählungen in Gen 6–8 durchgeführt worden ist, sondern auch andere von der Quellenkritik genannte Instanzen. Nehmen wir Ex 24:15b–18a, ein Stück, das allgemein als zu P gehörig anerkannt ist. Dort, wo es jetzt steht, ist es ohne irgendwelche sachliche Bedeutung für das Verständnis weder von Kp. 24 noch für den folgenden P-Abschnitt Kpp. 25–31. Ein Verfasser oder Sammler, der aus den vorhandenen Traditionen den Komplex Ex 19–24 zusammengestellt hätte, würde kein Bedürfnis empfinden, weder den Bericht von dem Bundesschluss in Kp. 24 mit der Schilderung des Erscheinens Jahwes 24:15b–18a abzuschliessen, noch den Bericht über den letzten Akt der Sinaioffenbarung, den Empfang der Instruktionen über das Heiligtum Kpp. 25–31 mit einer solchen Beschreibung einzuleiten, wenn dieses Stück ihm nicht von einer Vorlage schon gegeben war und irgendwie in den Zusammenhang untergebracht werden musste. Denn sachlich enthält 24:15b–18a nichts, das der «Sammler» oder «Verfasser» nicht schon in Kp. 19 gesagt hatte, und V. 18a wiederholt und widerspricht damit V. 15a: Mose *ist* schon auf den Berg hinaufgestiegen. 24:15b–18a hat aber keinen Eigenwert. Das Stück ist nur als Einleitung zu etwas anderem verständlich. Es ist in der Tat, wie schon längst gesehen, eine etwas mehr summarische Parallele zu einem Teil von Kp. 19, dem Herabsteigen Jahwes (vom Himmel) auf den Berg (und zu der kürzeren Schilderung in 34:5a), und muss einmal als Einleitung zu einem Bericht über die eigentliche Sinaioffenbarung und den Empfang der Gesetzestafeln gedient haben. 24:15b–18a mit seinem deutlichen «P»-Charakter ist somit nicht nur eine Verbindungsnotiz zwischen Kp. 24 und 25 ff — als solche ist sie vollkommen überflüssig —, sondern ein Stück des Quellenmaterials, das demjenigen vorlag, der die Stücke, zu denen 24:15b–18a die Einleitung bildete, mit dem schon vorliegenden Bericht in Kpp. 19\*–24\* verband. Das hat er in der Weise getan, dass er von dem «P»-Bericht die chronologische Notiz 19:1 und die kurze Theophanieschilderung in 24:15b–18a übernahm; letztere hat er als Einleitung — nicht zu der ganzen Sinaioffenbarung, die fand er viel grossartiger geschildert in Kp. 19 — sondern zu dem letzten Akt der Sinaiereignisse: der Mitteilung der Modelle und Instruktionen für das Heiligtum Kpp 25–31, die in Kpp. 35–40 mit der Ausführung der Instruktionen fortgesetzt wird, benutzt. Dies alles hat er nicht in dem alten Bericht (J) gefunden; dazu unterbrechen sie zu deutlich und unmotiviert den beabsichtigten Zusammenhang zwischen Kpp. 19–24 und 32–34. Der vorliegende, nicht besonders gut zusammenhängende Komplex Kpp. 19–40 ist eben von dem Redaktor — dem $R^{JP}$ der Literarkritik — geschaffen worden. Für den letzten Akt dieses Zusammenhanges hat er das Stück 24:15b–18a als Einleitung benutzt. Dieses ist aber nicht von ihm dazu geschaffen. Er hat es in einer seiner Vorlagen gefunden und benutzen wollen. So ist dieses Stück, das dazu geschaffen war, die Einleitung der ganzen Sinaiperikope zu bilden, zu einer Einleitung zum letzten Akt desselben degradiert worden — und ist dort, wo es jetzt steht, eigentlich überflüssig. Sowohl für einen «Bearbeiter» in VOLZs Sinne, wie für einen «Sammler und Redaktor» im Sinne ENGNELLs ist 24:15b–18a noch überflüssiger.

Ferner können wir auf die nicht wenigen Stellen hinweisen, an denen P nur als Doublettenotizen zu entsprechenden Notizen in der Erzählung J's hervortritt, wie Gen 12:4b–5a; 16:3; 19:29; 49:28b; Ex 1:7a: 1:13f und anderen. Wer konnte daran ein Interesse haben, diese ganz überflüssigen Wiederholungen zu den vorliegenden Erzählungen hinzuzufügen, wenn er sich nicht davon gebunden fühlte, dass auch sie tatsächlich in seinem Quellenmaterial vorlagen und eben deshalb verlangten, irgendwo untergebracht zu werden? Als Sammler- und Bindenotizen haben sie keine Bedeutung; sie können nicht das Werk eines «Schlussredaktors» sein, sondern zeigen auf die Existenz vorliegender Quellen hin.

## 5.

Wir kehren zu den Gottesnamen zurück. Worauf es hier ankommt, ist, dass P — man fasse ihn wie man will! — der einzige der Pentateuch-«Verfasser» ist, der eine direkt ausgesprochene Theorie von der Kenntnis und dem Gebrauch der Gottesbezeichnungen in der Offenbarungsgeschichte hat. In dem Bericht von Moses Berufung in Midian heisst es in Ex 6:2: «Und Gott redete zu Mose und sprach zu ihm: Ich bin Jahwe. Ich habe mich vor Abraham, Isaak und Jakob als El Schaddai offenbart, meinen Namen Jahwe habe ich ihnen nicht kundgegeben». Das weist zurück auf Gen 17:1f: «Ich bin El Schaddai». Mit diesem Namen benennt P Gott bei besonders feierlichen Gelegenheiten in der Patriarchgeschichte (Gen 28:3; 35:11; 43:14; 48:3), wie er auch nach der Offenbarung des Jahwenamens in Ex 6:2 selber gelegentlich diesen Namen benutzt, und vielleicht auch einmal selber den Jahwenamen in der Patriarchengeschichte verwendet (Gen 17:1), ihn aber nicht in den Mund der auftretenden Person gelegt hat.[46] In Übereinstimmung mit seiner Theorie nennt er aber in Gen 1–Ex 5 fast regelmässig Gott Elohim, «Gott». Für P gibt es nur einen wirklichen Gott, und er geht davon aus, dass alle Menschen wissen, was «Gott» ist und was diese Bezeichnung bedeutet.

Es ist eine logische Folge von dieser seiner Offenbarungstheorie, dass er vor Gen 17 nicht die Patriarchen hat Gott mit El schaddai benennen, wie er auch vor Ex 6:2 ihnen nicht den Jahwenamen in den Mund hat legen können. In der ganzen Ur- und Patriarchgeschichte ausser in den P-Stücken wird aber ganz unbedenklich der Jahwename den auftretenden Personen in den Mund gelegt. Wie hätte P das tun können, wenn er selber der Sammler und Redaktor der Genesisüberlieferungen wäre? Er hätte damit seine ganze, für ihn grundlegende offenbarungsgeschichtliche Theorie total negligiert. Das kann man ihm aber nicht zumuten. Wenn er der Sammler und Redaktor der Genesis- und «Tetrateuch»-Tradition wäre, so hätte er den Sprachgebrauch seiner Urväter und Patriarchen in Übereinstimmung mit seiner eigenen Theorie bringen müssen. Dann hätte er nicht eine Überlieferung wie die in Gen 4:26, dass Enosch derjenige war, der anfing, Jahwe zu verehren, ungeändert übernehmen und weiterbringen können.

Dieselbe Einwendung muss gegen VOLZ gerichtet werden. Wenn P ein «Bearbeiter» in VOLZs Sinne gewesen wäre, so hat er wenigstens mit seiner Bearbeitung einen Plan und eine Absicht gehabt. Auch VOLZs «Bearbeiter» vertritt ausdrücklich die genannte offenbarungsgeschichtliche Theorie. Auch er hätte die von ihm bearbeiteten Stoffe in Übereinstimmung mit seiner Theorie bringen müssen. Er hat es nicht getan.

Die hieraus zu ziehende Folgerung ist: P ist eine selbständig existierende Quelle gewesen, die später mit den älteren J zusammenredigiert worden ist. Von einem Redaktor, der vor allem darauf bedacht ist, den ganzen ihm vorliegenden Stoff so vollständig und so ungeändert wie nur möglich aufzunehmen, kann man nicht den gleichen Respekt für die in den Gottesnamen sich ausdrückende Theorie erwarten, wie von dem Vater derselben. Es muss somit dabei bleiben, dass der Pentateuch, abgesehen von Dtn 1-31, aus zwei parallelen Quellen zusammenredigiert ist, der älteren J (bzw. JE in der üblichen literarkritischen Terminologie) und der jüngeren P.[47] Es kann nämlich seit NOTHs *Überlieferungsgeschichtliche Studien* I als bewiesen angesehen werden, dass die deuteronomistische Israelsaga nicht Genesis-Numeri enthalten hat und damit, dass auch keine nennenswerte deuteronomistische Retuschierung von J (JE) vor der Zusammenflechtung mit P stattgefunden hatte. Was sich von deuteronomistischen Retuschierungen in Gen-Num findet, ist, wie NOTH gezeigt hat, nicht viel; es betrifft in der Hauptsache die legislativen Stücke in Ex 11-13, vll. auch in Ex 22f, und ist wohl erst hinzugekommen, als aus dem kombinierten JP und dem Anfang der deuteronomistischen Saga der Pentateuch, «das Gesetz» gebildet wurde.

Es muss auch dabei bleiben, dass zu der Quelle P in der Hauptsache eben die Stücke gehört haben, die ihr von einer in dieser Beziehung recht einstimmigen Literarkritik zugewiesen sind. Hat es ein literarisches Werk P wirklich gegeben, so braucht man nicht sich, wie VOLZ, damit abzumühen, beweisen zu wollen, dass dieses oder jenes dem P zugeschriebene Stück doch von J stammen könnte.

## 6.

Ein Hauptcharakteristikum des Verfassers P ist, dass sein Werk eine Kombination von Geschichtsdarstellung und ritualgesetzlichen Stoffen ist. Zwar ist P wirklich ein «Erzähler», ein Geschichtsschreiber. Seine Geschichtsdarstellung bildet aber gewissermassen nur den Rahmen um die Gesetze, ja, in vielen Fällen ist sie nichts anderes als eine einleitende Notiz über die Veranlassung zu diesem oder jenem Gesetz: bei der und der Gelegenheit, weil diese oder jene Zweifelsfrage entstand, wurde dem Mose diese Gesetzesbestimmung offenbart; vgl. z. B. Num 27.[48]

Charakteristisch für P's Bericht von der Gesetzgebung ist, dass er im Gegensatz zu Deuteronomium, das die eigenliche Gesetzgebung in den letzten Tagen Moses auf den Gefilden Moabs stattfinden lässt, die gesammte Gesetzgebung nach Sinai und dem Aufenthalt in der Wüste verlegt. Nach D war der Dekalog in Dtn 5 das eigentliche «Bundesdokument», das bei Sinai-Horeb offenbart wurde. Für P ist das ganze geltende Sakralrecht Bundesoffenbarung und Bundesbedingungen, mit der Bundesstiftung am Sinai verknüpft. Unter dieser «Rubrik» hat er das ganze überlieferte und geltende Sakralrecht zusammengestellt. Für ihn und die von ihm vertretenen Kreise und deren Tradition war alle israelitische Gesetzgebung mosaisch. Auch eine Verordnung, die in einer älteren Quelle als von David getroffen galt (1 Sam 30:25), gilt bei P als mosaisches Gebot (Num 31:27). Das ist eine Anschauung, deren Aufkommen an sich ganz verständlich ist. Schon in der ältesten Tradition galt Mose — geschichtlich wohl begründet — als Bundesvermittler und damit als Vermittler der die Verpflichtungen des Bundes ausdrückenden göttlichen Gebote. Wo das Gesetz nicht in Büchern, sondern in mündlicher Tradition lebt, ist es nur natürlich, dass es auf den einen bekannten Gesetzgeber zurückgeführt wird. Als illustrierende Analogie kann erwähnt werden, dass die norwegischen Bauern, wenn sie sich gegen die wirklichen oder vermeintlichen Übergriffe der dänischen Vögte auf das alte Recht beriefen, immer von «St. Olavs Gesetz» sprachen, obwohl nur das Christenrecht der alten Gesetze auf König Olav zurückgeht. Die Mosaizität der ganzen Gesetzgebung war für P übernommene, altehrwürdige «Tradition» und damit auch geschichtliche Tatsache.

Das sakrale Recht in Israel geht teils auf Traditionen der lewitischen Kadeschpriester, teils auf übernommene kanaanäische Kultordnungen, teils aber, und in hohem Grade, auch auf die von Fall zu Fall gegebenen priesterlichen «Belehrungen» oder «Anweisungen», *tôrot*, zurück (s. oben S. 8). Es liegt eigentlich in der Natur der Sache, dass die in P gesammelten Gesetze und Ordnungen z. T. aus recht verschiedener Zeit stammen, so dass mit der Feststellung der Entstehungszeit des Buches P nichts über das Alter der einzelnen Gesetze oder Gesetzeskomplexe gesagt ist. Auch WELLHAUSEN war dafür nicht blind, dass viele Stoffe in P recht alt sein konnten, und besonders KITTEL hat sich um den Nachweis solcher älterer Bestandteile bemüht.[49] Auch EISSFELDT hat dasselbe betont.[50] Diese ganze Stoffmasse hat selbstverständlich ursprünglich und viele Jahrhunderte hindurch als mündliche Fachtratition gelebt. Wie früh man angefangen hat, etwas davon aufzuzeichnen, wissen wir nicht. Die noch herrschende Literarkritik meint allerdings behaupten zu können, dass jedenfalls unter König Joschia — andere sagen aufs Geratewohl unter Hizqija oder Manasse — das Deuteronomium gesammelt, redigiert und kodifiziert worden sei. Nach meiner Meinung hat HÖLSCHER unbedingt Recht, wenn er in D ein frühnachexilisches Buch, das Konstitutionsbuch der restaurierten Gemeinde sieht.[51] Und hier handelt es sich zum grossen Teil auch um Zivilrecht, dessen Aufzeichnung für den gemeinen Mann von grosser Bedeutung ist und zu den ersten Forderungen eines erwachenden politischen Bewusstseins zu gehören pflegt. Dass die priesterliche Fachtradition so lange wie möglich eben als mündliche Fachkunde gelebt hat, dürfen wir getrost annehmen. Auch das entspricht einer allgemeinen Tendenz in der Geschichte der Religionen. Lesen und schreiben *braucht* der Priester nicht zu können, er muss aber auswendig lernen und das Übernommene erinnern können. NYBERG wird darin recht haben,[52] dass die Veranlassung zu einer mehr allgemeinen Übergang von mündlicher zu schriftlicher Überlieferung meistens mit einer geschichtlichen Situation zusammenhängt, die damit droht, die Überlieferung abzubrechen und in Vergessenheit geraten zu lassen. Eine solche Situation trat für Israel mit der grossen Katastrophe in 587 ein. Spätestens von da an darf man annehmen, dass eine mehr planmässige schriftliche Fixierung des Sakralrechts angefangen hat.

Und damit hängt auch Sammlung verschiedener Traditionen unter bestimmten Gesichtspunkten zusammen. So mögen solche Komplexe wie die Opfergesetze, die Reinheitsgesetze usw. für sich gesammelt und aufgeschrieben worden sein und sind später von P in sein Werk aufgenommen worden. Ob man hier von «literarischen Quellen» reden will oder nicht, ist eigentlich nur ein Streit um Worte. Das geschichtliche und chronologische Verhältnis zwischen ihnen kann nicht nach literarischen Kriterien entschieden werden, sondern muss von Fall zu Fall — oder richtiger: von Thema zu Thema — mittels einer kultgeschichtlichen Untersuchung festgestellt werden.

Dass die in P gesammelten, aus verschiedenen Zeiten stammenden Gesetzeskomplexe nicht wenige formale und materielle Inkonzinnizitäten und «Widersprüche» enthalten, hat die literarische Kritik längst beobachtet. Und so hat sie auch die Frage gestellt: welche von diesen Komplexen haben in dem ursprünglichen P ($P^G$) gestanden, und welche sind spätere Zusätze ($P^S$, $P^{S1}$, $P^{S2}$ usw.)? Derartige Inkonzinnizitäten sind eine logische Folge der ganzen Ursprungs- und Überlieferungsgeschichte dieses Sakralrechts. Beispielsweise kann hier auf MESSELs Behandlung von Lev 16 verwiesen werden, bei der die «literarkritische» Methode ihm ein Mittel wird, die verschiedenen Stadien in der Geschichte des Versöhnungstages nachzuweisen.[53] Es dürfte auch in der Natur der Sache liegen, dass auch das in P kodifizierte Recht im Laufe der Zeit — aber noch ehe das Buch «kanonisch» wurde — «Novellen» erhalten hat, wenn sich solche Näherbestimmungen und Modifizierungen notwendig oder wünschenswert zeigen sollten. Eigentlich literarische Kriterien für die eventuelle Ausscheidung solcher gibt es kaum. Auch hier hat eine sachlich-traditionsgeschichtliche und kultgeschicktliche Untersuchung ein grösseres Interesse als die literarkritische.

Es gibt aber, wie längst erkannt, in P eine grössere Gesetzesammlung, die von ihm aufgenommen und teilweise bearbeitet worden ist.[54], das sogn. *Heiligkeitsgesetz* (H) Lev 17–26, leicht erkennbar an seinem immer wiederkehrenden Themaformular: «Ihr sollt heilig sein, denn ich, Jahwe, Euer Gott ist heilig». H unterscheidet sich von den meisten Gesetzen in P dadurch, dass es kein Priestergesetz sein will; die Angeredeten sind die ganze Gemeinde Israels und die einzelnen Glieder derselben, und die in H gesammelten und redigierten Gebote sind oft mehr moralischen denn rituellen Charakters. Es nimmt insofern eine Mittelstellung zwischen D und P ein. Sprachlich und stilistisch steht es dem P näher. H ist offenbar für eine konsolidierte Gemeinde geschrieben, für die es eine Hauptangelegenheit war, sich von den Unreinheiten der umgebenden Heiden «rein» und «heilig» zu erhalten, nicht nur durch die richtigen rituellen und kultischen Vorkehrungen, sondern durch ihr moralisches Wandeln. Das Buch ist offenbar nach der Restauration in Jerusalem[55] redigiert worden, was auch von seinen vielen näheren Berührungen mit dem ebenfalls nachexilischen *Buch* Ezekiel bestätigt wird.[56] Die Kultzentralisierung, die in Dt Program und in P die reale Voraussetzung ist, wird zwar in H als das Richtige vorausgesetzt, braucht aber noch eingeschärft zu werden (Lev 17:7). Der Gegensatz zu dem legitimen Kult in Jerusalem ist aber nicht, wie in Dt, die anderen Jahwekultstätten (*bâmot*), sondern die Verehrung allerlei «Kleingötter», der «Feldgeister» (*śeɛirim*) der ländlichen Fruchtbarkeitskulte (Lev 17:7), von denen wir auch in «Tritojesaja» hören (Jes 57:3ff, 65:11). Die Schärfung der «verbotenen Grade» in H liegt es nahe, als eine Reaktion gegen die persische Geschwisterehe aufzufassen.

7.

P ist in der Tat sowohl Geschichtsschriber als Gesetzeskodifikator — mögen auch Vieles von dem von ihm Kodifizierten schon früher aufgezeichnet worden sein, wie z. B. das Heiligkeitsgesetz. Zwischen P, dem Gesetzeskodifikator und P, dem Erzähler, besteht aber ein ideologischer Zusammenhang. Es ist zu beachten, dass die von ihm gesammelten — und wohl auch von Nachfolgern supplierten — Gesetze sich fast ausschliesslich auf Kultus und Ritus und damit verbundene Leistungen und Verpflichtungen, wie z. B. die Tempelsteuer beziehen. Von dem, was wir bürgerliche Gesetze im weitesten Sinne nennen können, findet sich bei P recht wenig; ein Fall ist das Gesetz von dem eventuellen Erbrecht der Töchter. Der Grund ist kaum nur der, dass die vorwiegend nichtrituellen Gesetze schon kodifiziert waren, teils in Deuteronomium, teils schon in dem alten «Rechtsbuch», der Mischpatsammlung, die auf einer späteren Stufe in J hineingeschoben worden ist.[57] Der tiefere Grund ist, dass alles was mit den heiligen Ordnungen und Institutionen des Bundesvolkes zusammenhängt, tatsächlich in dem Zentrum seines Interesses als Geschichtsschreiber steht.

Was P mit seinem kombinierten Geschichts- und Ritualgesetzwerke gewollt hat, ist, die Vor- und Frühgeschichte des Bundesvolkes von der Schöpfung bis zur endlichen Installierung in dem Lande der Väter, mit ihrem Zentrum in der Bundesstiftung und Gesetzgebung am Sinai, zu schreiben, und dadurch zu zeigen, dass die Erwählung und der Bund schon bei der Schöpfung inauguriert und durch die Sündhaftigkeit der alten Generationen und die Vernichtung derselben in der grossen Sintflut notwendig geworden war, um Gottes Gesetz auf Erden Geltung zu verschaffen. Der Gesichtspunkt, von dem er diese Geschichte betrachtet haben will, ist: der göttliche Ursprung und die göttliche Legitimität der heiligen kultischen Ordnungen und Institutionen des theokratisch geleiteten Bundesvolkes als Grundlage des Lebens desselben für alle Zeiten — eine Geschichte freilich, in der Gott die einzige eigentlich handelnde Person ist. Wenn man einen Ausdruck aus analogen modernen Verhältnissen gebrauchen darf, so hat P nicht die alte *Geschichte* seines Volkes, sondern nur die «Kirchengeschichte» desselben schreiben wollen. Wie die geltenden göttlichen Ordnungen instituiert worden sind, will er erzählen, und nur das.

Als «Erzähler» in diesem Sinne ist er ohne Vorgänger. Zwar hat von RAD versucht, in P zwei parallele Erzählungsreihen nachzuweisen, die von P als «Unterquellen» benutzt worden seien.[58] Der Versuch hat Beifall bei EISSFELDT gefunden[59] Gegen v. RAD hat RUDOLPH sowohl allgemeine wie konkrete Einzelentgegnungen hervorgesetzt,[60] und was Genesis betrifft, ist er von HUMBERT überzeugend widerlegt worden.[61] Es scheint mir auch einleuchtend, dass man auf einigen isolierten Pleonasmen und Doubletten innerhalb einer Erzählungsreihe keine haltbare Hypothese von zwei durchlaufenden parallelen Quellen bauen kann. Auch sachliche Unebenheiten, wie die zwischen Salbung von allen Priestern und Salbung (nur?) von dem Hohepriester,[62] ist — wenn hier wirklich ein Widerspruch vorliegen sollte — nicht überraschend innerhalb einer legislatorischen Tradition, die die Sitten vieler verschiedenen Zeiten spiegelt. Auch P arbeitet, wie oben bemerkt, mit übernommenen und zum Teil disparaten Stoffen;[63] dass wir in den legislatorischen Stoffen bei P mit einer allmählich stattgefundenen Kumulierung von Überlieferungen und Gebräuchen zu tun haben, ist allgemein erkannt. So kann ich auch nicht die Gründe für die Existenz eines «Tholedot-buches», in dem auch NOTH «eine der von P benutzten und seinem Gesamtwerk dienstbar gemachten Vorlagen» sieht,[64] für genügend oder überzeugend halten. Die Frage hat überhaupt ein geringeres Interesse.

### 8.

Ist die Frage nach literarischen Unterquellen des P von geringerem Interesse, so ist est es wichtig zu beachten, dass P für seinen Geschichtsaufriss — und z. T. auch für seine Betrachtung der Geschichte des erwählten Bundesvolkes — eine direkte oder indirekte Hauptquelle gehabt hat. Das ist J. Dass P jünger als J (bzw. JE) ist, braucht nicht mehr bewiesen zu werden. Den Beweis hat schon WELLHAUSEN glänzend geliefert,[65] mögen auch mehrere seiner Einzelargumente und Beobachtungen unrichtig oder einer Revision bedürftig sein. Auch das soeben behauptete idégeschichtliche Verhältnis zwischen P und J ist in der Tat von WELLHAUSEN nachgewiesen. Es geht aus seiner Diskussion des relativen Alters der Quellen JE und P unwiderlegbar hervor, dass P fast in allen Punkten von der älteren Voralterssaga, der JE der Literarkritik, abhängig ist, direkt oder indirekt. Es kann keine Rede davon sein, dass P irgendwelche «independent attestation of facts given by J and E», wie ALBRIGHT es ausdrückt,[66] bringt. Wenn wir die Frage nach dem Verhältnis des P zu J untersuchen wollen, ist es in der Tat nebensächlich, ob wir den ursprünglichen J oder den eventuell mit «E» zusammengearbeiteten J, den sogenannten JE zu Grund legen. Es besteht nämlich darüber Einstimmigkeit, dass, wenn es einen mit J zusammengearbeiteten «E» und einen JE gegeben hat, dieser letztere den Aufriss des J gefolgt hat. In der Tat hat P es mit einem erweiterten J zu tun gehabt, wie wir unten nachweisen wollen. Auch diese Erweiterung hat aber nicht den Totalaufriss der Geschichtsdarstellung des J geändert und recht wenige wirklich im Verhältnis zu J neue Stoffe hingugetan, wenn es sich auch zeigen wird, dass schon der ursprüngliche J Vieles enthalten hat, das die Literarkritik im 'Allgemeinen ihrem «E» zuschreibt. Im Folgenden sehen wir aber meistens von diesen Stücken ab und halten uns zu den gemeiniglich dem J zugeschriebenen Stücken.

Dass das Kompositionsschema und die Reihenfolge der Ereignisse dieselben wie bei J gewesen sind, kann ganz einfach an dem klaren *chronologischen System* P's kontrolliert werden. Dass die Auffassung von dem Gang der Vorgeschichte und der ältesten Geschichte Israel von der Schöpfung bis zur Landnahme ein für alle mal von J festgelegt worden war, ist klar.

Was die einzelnen Erzählungen betrifft, so bezeichnet P mit wenigen Ausnahmen das jüngste traditionsgeschichtliche Stadium der Entwickelung der von J gegebenen Stoffe — «Tradition» ist nämlich auch Geschichte und Entwickelung.

Wie J fängt auch P mit einer *Schöpfungsgeschichte* an. Diese ist zwar eine andere als die bei J, und ihre jetzige Form zeigt, dass sie das Ergebnis eines langen traditionsgeschichtlichen Prozesses ist. Während für J das ursprüngliche, ungeschaffene «Chaos» die Wüste war, und die Schöpfung damit anfing, dass Jahwe in dem trockenen Ödland Wasser hervorsprudeln liess, so ist bei P das Urmeer, *tĕhom*, das Ursprüngliche, Ungeschaffene. Bei P ist die Schöpfung gleichzeitig von einem religiösen und einem wissenschaftlichen Aspekt gesehen. Hinter seiner Darstellung schimmern immer noch Züge einer älteren mythischen Form hervor, nach der die Schöpfung das Ergebnis eines siegreichen Kampfes Jahwes gegen die dämonischen Mächte des Urmeeres war. In letzter Instanz ist diese Auffassung mit dem babylonischen Schöpfungsmythus identisch, wie GUNKEL in seinem *Schöpfung und Chaos* nachgewiesen hat. Ähnliche Mythen von dem siegreichen Kampf des Gottes gegen den Drachen, bzw. das Meer, hatte man auch im alten Kanaan, wie die Ugarittexte uns gezeigt haben.[67] Es findet sich aber kein Zeugnis davon, dass dieser Mythus als Schöpfungsmythus aufgefasst worden sei,[68] und wenn sich auch ägyptisch-kanaanäische Züge in Gen 1 finden, wie etwa die Vorstellung von dem göttlichen *ruaḥ*, der «über den Wassern schwebte», so ist es wohl die wahrscheinlichste Annahme, dass hinter Gen 1 der babylonische Mythus steht, der in vorisraelitischer Zeit über Mesopotamien nach Kanaan gekommen sein kann. Die Auffassung von der Schöpfung als einem Kampf gegen Urmeer und Urmeerdrache finden wir im A. T. auch in einer älteren, rein mythischen und poetischen Form; sie ist aber erst in späterer Königszeit und exilisch-nachexischer Zeit in den Psalmen, bei Deuterojesaja und in Hiob bezeugt. Das deutet darauf hin, dass sie in Israel jünger als die Schöpfungserzählung des J ist,[69] und dass die rationalisierte Form, die sie in Gen 1 erhalten hat, noch jünger ist. — Dass Gen 1 mit seinem ausgesprochen theologischen Ziel eine jüngere Form einer älteren Erzählung bietet, geht auch aus dem 7-Tage-Schema hervor. Wie BERTHOLET nachgewiesen hat,[70] ist dieses Schema auf eine ältere Form aufgepfropft, die die Schöpfung in 10 «Werke» einteilte. Dass das 7-Tage-Schema mit seinem Ziel in der Stiftung des Sabbats mit dem Eifer des nachexilischen Judentums für die Heiligung dieses Tages zusammenhängt, kann nicht zweifelhaft sein.[71]

Etwas der Fortsetzung des jahwistischen Schöpfungsberichtes, der «Sündenfallgeschichte» und der Austreibung aus dem Paradies Entsprechendes findet sich nicht bei P. Nicht etwa, weil er sie nicht gekannt hätte, sondern weil die Urgeschichte für ihn in einem anderen theologischen Licht gestanden hat. Dass schon der als Ebenbild Gottes geschaffene Adam die Verderbtheit der Menschheit eingeleitet haben sollte, erschien ihm — oder der von ihm vertretenen theologischen Tradition — undenkbar. Die Verderbtheit war ihm eine allmähliche, im Laufe der Urzeit eintretende, für die auch bei ihm die Sintflut die gerechte, reinigende Strafe bedeutete. Um so wichtiger erschien dem P die Betonung der im Ende des Flutberichtes unterstrichene «feste, in göttlicher Willenssetzung beruhende Ordnung eines Gottesbundes mit allem Fleisch».[72]

Wenn wir zu der Fortsetzung des geschichtlichen Verlaufes bei P kommen, so ist es evident, dass seine *Sethitenstammtafel* in Gen 5 in der Tat eine Variante zu der Kainitenstammtafel des J in Gen 4:17ff ist, dass sie aber eine noch nähere Parallele in J's Sethitentafel, von der aber nur die Fragmente 4:25–26 und 5:29 vorliegen, hat; diese ist offenbar der des P so ähnlich gewesen, dass R$^{JP}$ nur jene Fragmente aufgenommen hat.

Die *Fluterzählung* des P ist in allem Wesentlichen mit der des J identisch; die Abweichungen, die sich finden, sind alle erklärlich als sekundäre Ausschläge der religiösen Idéen des P — Erneuerung des Bundes u. a. — und seiner Vorliebe für symbolistichen chronologischen Schematismus — die Flut dauert genau 1 Jahr usw.

Die *Völkertafel* in Gen 10 stammt aus P; dass einige Fragmente von der entsprechenden J-Tafel hineingesetzt sind (10:9, 15, 17b–19, 21, 24–30), ist allgemeine Annahme der Forscher. Der Unterschied ist stilistischer Art: bei J eingestreute Anekdoten, bei P das reine Stammtafelschema mit chronologischen Angaben. Die Semitentafel des P Gen 11:10–26 ist sachlich mit der des J in 10:21, 25–30 identisch.

In der *Patriarchengeschichte* besteht P's «Erzählung» in der Tat nur aus überschriftähnlichen Notizen, die sämtliche aus den J-Ersählungen extrahiert sind und keine einzige Angabe einthalten, die nicht aus dieser genommen werden könnte, abgesehen von den konstruierten chronologischen Daten. Bezüglich des märchenhaft langen Lebensalters, das P den Urvätern zuschreibt, folgt P hier allerdings alter Tradition, die in letzter Instanz auf die mythischen Zahlen zurückgehen, die die alten sumerischen und babylonischen Texte den Urkönigen geben. Es ist denkbar, dass diese Kunde in älterer israelitischer oder vorisraelitischer Zeit nach Kanaan durch nordmesopotamische Vermittlung gekommen sei; besonders für viele der Gestalten wird das wohl auch richtig sein.[73] Noah und Nimrod sind jedenfalls in dieser Weise nach Israel gekommen; Nachor und Terach in der Semitentafel sind Nordmesopotamier, diese kommen denn auch bei J vor. Was aber die märchenhaften Zahlen betrifft, so halte ich es für das Wahrscheinlichere, dass sie auf babylonische, im Laufe der Exilzeit und älterer nachexilischer Zeit erworbene Wissenschaft zurückgehen. Hier hat P somit eine nicht aus J stammende «Tradition» aufgegriffen.

Die Notizen P's über Ismaels Geburt und das Verhältnis Hagars zu Abraham und Sara, und ebenso über das Verhältnis zwischen den Brüdern Jakob und Esau sind deutlich religiöse Korrekturen der alten, derben Sagen bei J, in Übereinstimmung mit späteren Moralbegriffen.

Die einzigen «Erzählungen» aus der Patriarchenzeit, die P über J hinaus bringt, sind der ausführliche Bericht von Gottes Bund mit Abraham Gen 17 und die Verhandlungen mit den Hetitern über den Kauf der Machpelahöhle Gen 23. — P's Selbstständigkeit hier ist aber nur eine scheinbare. Wenn man VOLZs «Erzähler» in dem künstlerischen Sinne des Wortes nimmt, so ist P allerdings ein schlechter Erzähler. Er hat keine einzige «Erzählung», die dieses Wort verdiente und die sich mit den wirklichen alten Volkserzählungen messen könnte. Das gilt auch von den beiden genannten. Gen 17 ist keine wirkliche Erzählung, keine alte epische Sage. Was sie von altem in casu ätiologischem Sagenstof enthalten mag, ist gewiss aus der entsprechenden Erzählung J's genommen. Als Ganzes ist Gen 17 nur eine theologische Umschreibung der Tatsache des Bundesschlusses in der Absicht, die alte, in späterer Zeit als Bundeszeichen aufgefasste Sitte der Beschneidung auf eine göttliche Verordnung zurückzuführen und die Bundesverhiessungen, von denen auch die Sagen bei J erzählten, ausdrücklich zu unterstreichen. Das ist alles späte theologische Legendenbildung, die P auch dazu benutzt hat, für seine offenbarungsgeschichtlichen Spekulationen über die Gottesnamen eine «geschichtliche» Anknüpfung zu findem.

Auch Gen 23 ist keine wirkliche Erzählung. Hier geschieht nichts. Abraham will ein Stück Feld kaufen, und darüber schachert man nach alt- und neuorientalischer Sitte mit allen dazu gehörigen Höflichkeitsbezeugungen. Hinter dieser kargen Legende liegt natürlich eine theologische Tendenz. Man wird vermuten dürfen, dass die Machpelahöhle ein altisraelitisches Lokalheiligtum gewesen ist, bei dem das Volk zu P's Zeiten immer noch geneigt war, den alten Kultus weiter zu betreiben. Die Legende will — oder kann — einerseits nicht dem Volke das Besuchen einer ehrwürdigen Stätte mit den dazugehörigen Märkten und Geschäften rauben; andererseits will sie die Stätte und die Zusammenkünfte säkularisieren und dadurch die Gefahr illegitimer Kulte der von «Tritojesaja» gerügten Art verhindern. So sagt sie: die Höhle ist ganz richtig die Grabstätte unserer Stamm-mutter, aber auch nicht mehr; sie ist ein stück profanes Feld, von Abraham den Hetitern abgekauft, und insofern ein richtiger Ort des Kaufens und Verkaufens und Schacherns, aber nicht mehr! Dass der Kampf gegen die alten Kultstätten weder mit Dt noch zu P's Zeit ganz zu Ende geführt war, bezeugt uns eben «Tritojesaja».
— Dass die Einwohner in der Gegend um Hebron in alten Tagen nach Gen 23 «Hetiter» waren, beweist nichts für höheres Alter der

Legende; diese Kunde hat sie mit dem Ezekielbuche gemeinsam (16:3,45, vgl. Num 13:29).

Auch in *Exodus* und *Numeri* ist der Erzählungsstoff des P im grossen Ganzen Extrakte und gelehrte theologische Deduktionen aus dem von J Gebotenen. — Wenn P die Israeliten in Ägypten, «im Lande Rameses» (Gen 47:11; Ex 12:37) statt in Gosen wohnen lässt, so haben wir keinen Grund zu der Annahme, dass dies eine alte selbständige Tradition sei. Auch J nennt Rameses als eine der Städte, die die Israeliten für Farao bauten (Ex 1:11); daher müssen sie, meint P, im Bezirk dieser Stadt, «im Lande Rameses» gewohnt haben.

Wir haben oben (S. 15) gesehen, dass in Ex 1–15 die parallelen Berichte von J und P zusammengeflochten sind. P folgt auch hier im Wesentlichen der Tradition J's, aber mit einigen Variationen die mit seiner ganzen Art und Theologie zusammenhängen. Dass Ahron hier überall als Moses Helfer auftritt, stimmt ganz zu P's hierarchischen Ideen und zu der Rolle, die er Ahron in der Wüste spielen lässt. Betreffs der Plagen, so war das eben ein Thema für P und die von ihm vertretene «Tradition». Er hat das Mirakulöse der Ereignisse derartig unterstrichen, dass die Plagen mehr den Charakter von imponierenden Wunderzeichen als zur Unterwerfung zwingenden Plagen erhalten haben. Die groben Mirakel waren eben etwas für P und sein in der Legende lebendes Millieu.

Dass P auch in der *Sinaiperikope* Ex 19*–24* vertreten ist, ist allgemein angenommen. RUDOLPH rechnet hier zu P 19:1, 2aβ; 24:16–18a, 25–31; 34:29–35. Das trifft im grossen Ganzen die allgemeine kritische Ansicht.

Auch in seiner Auffassung der grossen Züge der Sinaiereignisse baut P auf den von J gelegten Grund und die ihm vorliegende (erweiterte) Form von J (gewöhnlich JE genannt). Oben (S. 21) ist von P's Verlegung der ganzen Gesetzgebung nach Sinai die Rede gewesen. Hier steht P in direktem Gegensatz zu Dt's Theorie von der Gesetzgebung auf den Gefielden Moabs. P folgt auch hier die ältere Tradition in dem erweiterten J (JE). — J hatte seine Darstellung der Sinaiereignisse[74] mit einer Theophanieschilderung eingeleitet (Ex 19*) und daran die Mitteilung der grundlegenden Bundesverpflichtungen geschlossen (Ex 34), die in ihrer jetzigen Form 13 Gebote umfasst. Mit dieser Darstellung ist später eine parallele Erzählung von denselben Ereignissen (gewöhnlich als «E» bezeichnet) verbunden worden (Ex 19\*–24\*), die auch eine erweiterte Form der 13 Gebote in Ex 34 enthielt; in diese war auch das alte «Rechtsbuch» M (Ex 21:1–22:26) eingeschaltet worden. Der dem P vorliegende J enthielt schon die Vorstellung von einer an eine Grundforderung von einer beschränkten Anzahl von Geboten angeschlossenen umfassenden Gesetzgebung religiös-kultischer, moralischer und zivilrechtlicher Art. Während Dt nur die Grundfordering, hier den Dekalog in Dtn 5, als am Sinai hervorgesetzt betrachtete, und die spezielle Gesetzgebung in Moab stattfinden liess, hat P sich näher an das von «JE» dargebotene Muster angeschlossen. Auch er fing mit einer Theophanieschilderung auf dem Berge Sinai an, natürlich von einer chronologischen Notiz Ex 19:1 eingeleitet; die Theophanieschildung finden wir jetzt in Ex 24:15b–18d (s. oben S. 17). Daran hat P die Mitteilung der grundlegenden Bundesbedingungen, der *ɛedut*, angeschlossen, dafür aber den zu seiner Zeit eingebürgerten Dekalog des Dt, jedoch in charakteristischer P-Redaktion benutzt, Ex 20:1–17.

Wie unten nachgewiesen werden soll, hat der Dekalog Ex 20:1–17 nicht seinen ursprünglichen Platz zwischen 19:25 und 20:18 gehabt und hat überhaupt nicht in dem JE-Komplex Ex 19\*24\* gestanden, der dem P vorgelegen hat. Dagegen ist es für jeden, der nicht einen gefühlsmässigen Grund hat, die Augen zu verschliessen, vollkommen klar, dass der Dekalog 20:1–17, der sachlich identisch mit dem in Dtn 5 ist, in Exodus in typischer P-Redaktion vorliegt, wie auch die Redaktion in Dtn 5 typische deuteronomistische Züge aufweist. Die Motivierung des Sabbatsgebotes, die in Dtn 5 humanitär ist, ist in P «theologisch» geworden: die «Heiligung» des Sabbats ist in der Schöpfungsordnung begründet, und dies wird mit einem Hinweis auf Gen 1 in fast denselben Worten wie dort gesagt. Dieses Interesse an der Hervorhebung des Sabbatsgebotes treffen wir auch an anderen P-Stellen, Ex 31:12ff; 35:1–12 (vielleicht ein P$^s$-Zusatz). Dass P auch ein Zweitafelgesetz *luḥot hāɛedut* mit 10 Geboten gehabt und dieses als das sinaitische Grundgesetze betrachtet hat, geht aus Stellen wie Ex 25:1,21; 31:18; 34:29 evident hervor. — Es muss somit dabei bleiben, dass diejenigen Forscher, die Ex 20:1–17 dem P zugeschrieben haben,[75] durchaus im Recht sind. Bei P hat er seinen Platz zwischen 24:18a und 31:12–18 gehabt.

Was nun die weitere Sinaigesetzgebung betrifft, so hat sich auch hier P dem älteren J (JE) angeschlossen, da auch er eine umfassende Gesetzgebung am Sinai vorausgesetzt hat. So war es ihm natürlich, der priesterlichen Tradition zu folgen, die die gesamte Kult- und Ritualgesetzgebung als von Mose vermittelte Sinaigesetze betrachtete. Diese Gesetzgebung war für P in der Tat das Wichtigste; auf dem von ihr instituierten Kultus beruht für ihn die Existenz des Volkes Israel.

An die Theophanie und die Mitteilung des Dekalogs schlossen sich dann bei P die Anweisungen über das Stiftszelt und die Ausstattung desselben und die übrigen Kultgeräte Ex 25:1–31:11, die Gaben der Gemeinde für die Herstellung des Tabernakels 35:9–29 und endlich die «Erzählung» von der Ausführung aller diesen Verordnungen 35:30–40:38. Danach folgte die detaillierte Gesetzgebung in Lev 1–27, die Anweisungen über Dienst und Ordnung der Priesterschaft und der Leviten und andere Ausfüllungen und Novellen zu den Gesetzen in Numeri. — So hat auch hier J in der dem P vorliegenden Gestalt des Werkes diesem das formale Muster für den Aufbau der Sinaiperikope und der Gesetzgebung gegeben.

Nach dem Aufenthalt am Sinai folgte bei J der *Aufbruch*, die Aussendung der *Kundschafter* und der *Aufstand Korachs*. Ebenso bei P. Mit der Geschichte von dem Murren Mirjams und Ahrons wider Mose Num 11f konnte er selbstverständlich nichts anfangen und hat sie daher übersprungen. Auch die misslungene Sendung an den Edomiterkönig hat P fallen lassen, und von der Wanderung von Sinai über Kadesh (Num 20:22) nur den Aufenthalt am Berge Chor und Ahrons Tod und Begräbnis daselbst, den Aufenthalt in Obot und ᶜIjjon (21:10f) und die Ankunft an die Gefielden Moabs (22:1) kurz erwähnt.

In der *Bileamgeschichte* 22–24 findet sich keine P-Notiz; er muss aber die Geschichte bei J gelesen und irgendwie Bileam erwähnt haben. Dieser spielt nämlich in dem Rachekriege gegen die Midianiter Num 31 eine gewisse Rolle. Von dem Abfall bei Baᶜal Peᶜor hat nämlich P erzählt (Num 25:6ff); diese Geschichte konnte er nämlich als warnendes Beispiel und zur Verherrlichung des neuen Hohepriesters Pinchas gebrauchen. Nun hat J (JE), soweit wir sehen können, den Bileam nicht in Verbindung mit den Midianitern und Baᶜal Peᶜor gesetzt; Bileam tritt hier nur zusammen mit dem Moabiterkönig Balaq auf und kehrt nach verrichtetem Auftrag «nach seinem eigenen Lande zurück» (24:25). Die Kombination von Bileam mit der folgenden Baɛal Peɛor-Geschichte muss daher das Werk P's oder der von ihm befolgten Tradition sein. Es ist daher mehr als gewagt, in dem Umstand, dass P in Num 31:8,16 Bileam zusammen mit den Midianiterhäuptlingen, die von den Israeliten getötet wurden, auftritt, und in der vermuteten Möglichkeit, dass Num 25 eine Notiz enthalten habe, nach der Bileam die Midianiter bewegt hätte, die Israeliten zu Abgötterei und Hurerei zu verführen, eine alte Tradition finden zu wollen, aus der irgendwelche geschichtliche Folgerungen gezogen werden könnten.[76] Auch hier haben wir es mit der späteren Legendenbildung um Bileams Person, die in der spätjüdischen Legende ihre volle Entwicklung erreicht hat,[77] zu tun. Der Ausgangspunkt der Zusammanstellung von Bileam mit dem Abfall zu Baɛal Peɛor bei P ist nur der Umstand, dass bei J die Baɛal Peɛor-Geschichte unmittelbar hinter der Bileamerzählung folgte, deren letzter Akt eben auf dem Peɛor-Berg spielte (Num 23:28).

In dem Folgenden will NOTH[78] dem P nur Num 27:12–23; 31:1–12 (13–54); Dtn 34:1 aα..., 7–9 zuweisen. Dass aber P auch in Num 32 vertreten ist, habe ich im Anschluss an die ältere Literarkritik an anderer Stelle zu zeigen versucht.[79] Auch hier baut P's vorgreifende Hinweise auf die Landnahme auf ältere konkrete Angaben bei J.

Dass P keine andere Tradition über Moses Tod in Dtn 34 als die schon von J gebuchte gekannt hat, braucht keines Beweises.

So baut P überall in dem Pentateuch auf den von J gegebenen Aufriss der Vor- und Frühgeschichte Israels und hat, abgesehen von dem aus einem anderen «Sitz im Leben» stammenden Gesetzesstoffen, keine andere Traditionsstoffe als die dem J bekannten zur Verfügung gehabt.

Den Nachweis der Abhängigkeit des P von dem Gesamtaufriss der älteren Quelle, d. h. in der Tat von J, wollen wir, über den Pentateuch hinausgreifend, mit einem Beispiel aus dem Josuabuche abschliessen.

Die ältere Kritik hat ziemlich einstimmig die Pentateuchquellen J (bzw JE) und P auch im Josuabuche gefunden, daher die Benennung

Hexateuchkritik. NOTH will weder J (JE) noch P im Josua vertreten finden: er gibt aber unumwunden zu, dass sowohl J wie P auf eine Darstellung irgendeiner Art von der Landnahme hinzielen und davon einmal erzählt haben. Ich muss hier der älteren Kritik recht geben. Mit ihr meine ich nachweisen zu können, dass wir in Ri 1 und in den stilistisch mit diesem Kapitel zusammenhängenden anekdotischen Notizen, die sich jetzt im Josuabuche zerstreut finden, den zwar nicht vollständig erhaltenen Bericht des J von der Landnahme haben, und ebenso, dass der in Josua erhaltene Bericht von der Verteilung des Landes an die Stämme mit Beschreibung der Stammesgrenzen aus P stammt.[80] Eine wirkliche Erzählung von einer Eroberung des Landes findet sich aber weder bei dem ursprünglichen J noch bei P. Die Eroberungsgeschichte, die jetzt die erste Hälfte des Josuabuches einnimmt, ist aus einer rein legendarischen Entwickleung der sehr sparsamen wirklichen Traditionen über die Einwanderung, meistens ursprünglich ätiologischen Motiven, entstanden. — J hat sich mit der anekdotisch ausgeschmückten, geographisch geordneten Übersicht über die *Resultate der Landnahme* in Ri 1 begnügt. Interessant ist es zu sehen, dass P ihm auch hier insofern gefolgt ist, dass auch er sich mit einer Übersicht über das Resultat statt einer erzählenden Geschichte der Eroberung begnügt hat. Diese Übersicht findet sich in Jos 12, in dem Verzeichnis der von Josua überwundenen 30 Könige, einem Stück, das entgegen der üblichen Meinung unbedingt dem P zugeschrieben werden muss.[81] Die Zahl 30 ist symbolisch, und die Namen der eroberten Königstädte hat P einfach aus den zufälligerweise genannten oder ihm sonst bekannten kanaanäischen Städten in der ihm bekannten Literatur, die nicht nur J, sondern auch die deuteronomistische Saga und viel mehr umfasst hat, genommen.

Auch die Idée einer Verteilung des Landes an die 12 Stämme hat P aus J. J hat erzählt, wie Mose den eroberten Teil des Ostjordanlandes den Stämmen Gad und Ruben überliess; ebenso, dass Josua Landteile an Personen, Geschlechter und Stammesteile verteilte (Jos 14:6ff*; 17; 14–18), und noch deutlicher stand das in der späteren Erweiterung von J (= JE) zu lesen (Jos 18:2ff). — Von dem Akt der Verteilung des Landes unter der Leitung Josuas und des Hohepriesters «erzählt» P in seiner charakteristischen Weise nur mittels der knappen Notiz

Jos 18:1 und der entsprechenden Notizen in Jos 13:32; 15:1; 16:1; 17:1; 18:11; 19:1, 10, 17, 24, 32, 40. Die «Erzählung» besteht hier aus der Feststellung der Tatsachen und dem Gebrauch der erzählenden Verbalform Impf. cons. Das ist charakteristischer P–Stil.

ALT und NOTH haben in mehreren Aufsätzen zeigen wollen, dass hinter den Grenzbeschreibungen und Ortslisten in P's Verteilungsbericht alte dokumentarische Listen, z. T. schon aus der Richterzeit, liegen. Das ist eine Hypothese, die weder beweisbar noch wahrscheinlich ist. P hat gewiss so viele Kenntnisse zu der Topographie seines Landes und den alten Traditionen über die Stammesgebiete gehabt, dass er selber die Beschreibungen hat verfassen können.[82]

In Zusammenhang mit der Verteilung des Landes brigt P endlich etwas, was nichts Entsprechendes bei J, wohl aber bei dem Deuteronomisten hat, nämlich die Aussonderung der 48 Lewitenstädte Jos 21:1–42.[83] Der ganze ideologische Hintergrund ist P's; erst mit dieser Mitteilung über den Besitz des Lewistammes ist P's Bericht von der Landesverteilung abgeschlossen. Man spricht hier gewöhnlich von «der Liste» der Lewitenstädte. Das Kapitel ist aber vom Gesichtspunkt des P eine «Erzählung», die in charakteristischem P-Stil von der Ausführung des Befehls in Num 35:1–8 «erzählt», vgl. oben über Jos 18:1.

Dass die 48 Lewitenstädte schematische Theorie ist, ist allgemein angenommen. WELLHAUSEN[84] und viele mit ihm halten «die Liste» für ein spätes, rein theoretisches Kunstprodukt, aus den Kreisen des P stammend. Jene 48 Städte sollen den theoretischen Ersatz an die Lewiten dafür, dass sie kein Stammesland erhalten haben, bilden. Das ist auch richtig. Man wird aber ALBRIGHT zugeben müssen, dass irgend etwas von geschichtlichen Verhältnissen hinter der Theorie liegen wird.[85] Seine Gründe aber für die Vermutung, dass die Liste aus Davids Zeit stamme, oder genauer: eine von David eingeführte administrative Ordnung spiegele, kann ich nicht für überzeugend halten. ALBRIGHT weist auf den Umstand hin, dass die Städte Golan, Aschtarot, Bezer, Jahaz und Mefaɛat seit Ende des 9. Jahrhunderts nicht mehr zu Israel gehörten, und zieht daraus die Folgerung, dass die Liste älter als jene Zeit sein muss. Diese Folgerung wäre nur bindend, wenn es im voraus fest stünde, dass wir hier eine echte offizielle Liste vor uns hätten; das muss aber erst bewiesen werden. Die Nennung jener nordostisraelitischen Städte wäre auch dann vollauf begreiflich, wenn P die Liste konstruiert habe; P schreibt von den «idealen» Zuständen, so wie er sich diese zu Josuas Zeit vorstellt, und dann waren auch jene Städte seiner Ansicht nach israelitisch. Der «Urtext» des «Dokumentes», den ALBRIGHT mit grosser textkritischer Umsicht hat rekonstuieren wollen, kann eben so gut P's «Urtext» sein. Die Dokumenthypothese steht somit auf sehr schwachen Füssen, um es mild auszudrücken.

Sehr verdächtig ist auch die symbolische Zahl $48 = 12 \times 4$, vier Städte in jedem der zwölf Stämme; das aus 12 Stämmen bestehende Israel ist überhaupt nie eine geschichtliche Realität gewesen. Auch muss zugegeben werden, dass sich in den älteren Quellen keine Andeutung davon findet, dass jene 48 Städte irgendwelchen anderen Status als die anderen Städte des Landes gehabt haben sollten. Y. KAUFMANN[86] und andere, die einen alten Ursprung sowohl der Liste als der in ihr behaupteten Institution haben nachweisen wollen, haben alle den mehr oder weniger utopistischen Charakter der Liste zugegeben.[87] Dass sowohl die Liste als literarisches Produkt wie die in ihr ausgedrückte Theorie recht späten Ursprungs ist, darin muss man m. A. n WELLHAUSEN Recht geben.

*Etwas* Geschichtliches wird aber, wie gesagt, hinter der utopischen Theorie liegen, wenn es auch kaum der Mühe lohnt, darüber zu spekulieren, was den Verfasser (P) zu der Wahl dieser oder jener Stadt bewegt haben mag. Ein gewisser Wink liegt wohl aber eben in dem Umstand, dass jene Städte als spezifisch «geistliche» Städte betrachtet sind. Unter den 48 finden sich auch die 6 Asylstädte (Num 35:6). Der geschichtliche Kern der Legende von den von Mose bestimmten Asylstädten ist, wie jetzt wohl allgemein anerkannt ist, dass es auch im alten Israel (und sicher schon früher) Städte mit Heiligtümern gab, deren Heiligkeit so gross war, dass Flüchtlinge innerhalb ihres ganzen Territoriums, nicht bloss im Heiligtum, sicher waren — eben «geistliche» Städte mit einer relativ grossen Priesterschaft. Man darf daher vermuten, dass auch mehrere der anderen «Lewitenstädte» einmal berühmte Heiligtümer und eine relativ grosse Zahl von Priestern, wie etwa die in Nob (1 Sam 22:18), gehabt haben, die später, nach der deuteronomischen Kultzentralisation zu «Lewiten» im späteren Sinne des Wortes degradiert worden waren. — Man kann auch darauf hinweisen, dass diejenigen Städte, die den Söhnen Ahrons, den eigentlichen Priestern, zugewiesen worden, alle in den Gebieten Juda und Benjamin, d. h. in der nächsten Umgebung Jerusalems liegen. Darin liegt wohl eine Spiegelung der sonst bezeugten Tatsache, dass die jerusalemische Priesterschaft im Laufe der Königszeit sich Eigentümer und Verlehnungen in den Städten des Judareiches verschafft hatten; noch Nehemia musste sich darum bemühen, die Priester zum Verlassen der Landstädte und zum Wohnen in Jerusalem zu bewegen. — P ist somit auch hier zu einem gewissen Grade abhängig von alten Traditionen und von den Wunschtheorien, die sich daran in seinen Kreisen gebildet hatten. Besonders alt kann die Theorie von den Lewitenstädten kaum sein.

Was der «Erzähler» P über J hinaus bietet, sind trockene *Listen*, überwiegend genealogischer Art.

Ein Werk von P's eigener Hand, oder der von ihm vertretenen gelehrten Schultradition, ist offenbar die Liste der Stationen während der Wüstenwanderung Num 33. So viele Ortsnamen und Lagerstätten enthielten schon die alten Sagen bei J, dass es eine Geschichtsschreibung nach der Art des P leicht dazu bringen konnte, eine vollständige Route der Wanderung mitzuteilen und dadurch das Unübersichtbare der älteren Wanderungsgeschichte in System und Ordnung zu bringen. Als Judäer hat P gewiss so viel Lokalkunde von der benachbarten nördlichen Sinaihalbinsel gehabt, dass es ihm nicht schwer fiel, eine Liste mit je einem Ortsnamen für die 40 Wanderjahre[88] aufzustellen.

Das meiste von dem, was P sonst über J hinaus bringt, ist genealogisches Material, somit Gelehrtheitsstoffe, die er, oder eher der von ihm vertretene Kreis mit den alten Traditionen verknüpft hat: ein Verzeichnis der ismaelitischen Klane Gen 25:12-16; die Geschlechtstafel Esaus, d. h. eine Liste über die edomitischen Klane und Geschlechter Gen 36, wo aber P sich an ältere Nachrichten bei J anschliesst und diese in seine Darstellung aufnimmt.[89] — Dass wir es hier mit «alten geschriebenen Dokumenten»[90] zu tun haben sollten, ist ganz unwahrscheinlich, wenn man sich der Rolle erinnert, die die mündliche Überlieferung immer gespielt hat, und den Wert in Betracht zieht, den sowohl das alte Israel wie die heutigen halb- oder ganznomadischen Araber immer dem ethnologischen und politischen Verhältnis zwischen den Stämmen und Klanen beigelegt haben. Man muss überhaupt fragen, wie sich derartige alte Dokumente — wenn man in alter Zeit überhaupt solche aufsetzte — sich von der Zerstörung des Tempels von Schilo und der vollständigen Verwüstung der Tempel- und Palastarchive Jerusalems in 587 in die Hände des nachexilischen Verfassers P haben hinüberretten können. Ein bischen Realismus darf man auch von theologischen Forschern erwarten. Wenn sich überhaupt alte Kunde in jenen «Listen» des P findet — und das darf man nicht bezweifeln — so haben wir es mit damals noch lebenden mündlichen Traditionen zu tun. Als gelehrter und intelligenter «Traditionist» hat P gewiss Kenntnisse von den nächsten nordarabischen und edomitischen Klanen und Stämmen, sowohl seiner eigenen wie einer etwas älteren Zeit gehabt. Die Schwierigkeit ist eben nur, dass wir keine Mittel haben zu kontrollieren, inwieweit das von P gegebene Bild den Verhältnissen einer bestimmten geschichtlichen Zeit oder Situation entspricht; wir müssen damit rechnen, dass ältere und jüngere Tradition und Kunde hier zu einem zeitlosen Flächenbild systematisiert worden sein können.

Ohne direktes Vorbild in J sind die Listen über die israelitischen Klane und Geschlechter in Num 1; 2; 7 und 10, die alle abhängig von Num 26 sind.[91] In Num 26 findet NOTH ein ursprünglich selbständiges Dokument aus «der Zeit zwischen Debora und David»,[92] während ALBRIGHT es auf die Volkszählung Davids zurückführt.[93]

Ich kann die Gründe weder für die eine noch für die andere dieser Hypothesen ausreichend finden. NOTH datiert ohen jede Frage das 12-Stämmesystem zu früh; es kann nicht älter als David sein; das Deboralied setzt eine Amphiktyonie von 10 Stämmen voraus, und Juda ist erst durch David «israelitisch» geworden.[94] Gegen ALBRIGHT sprechen die ohne jede Frage ganz ungeschichtlichen Zahlenangaben. Dass die Liste nichts mit der Zeit Moses zu tun hat, ist allgemein anerkannt. Damals existierte noch kein 12-Stämmevolk, und unter den Klannamen finden sich auch unzweifelhafte kanaanäische Landschaftsnamen.[95] Andererseits hat NOTH gewiss darin Recht, dass die Namen, jedenfalls teilweise, wirkliche Verhältnisse angeben, die bei einem gewissen Abschnitt der Liste von den Namen der Administrationsdistrikte in den Samaria-Ostraka bestätigt werden.[96] Ebenso sicher ist aber auch, dass die Liste archaisierende

Gelehrtheit enthält; das ist offenbar bei der Einteilung von Juda in die Klane Schela, Peres und Zerach der Fall.

Die Liste setzt jedenfalls eine Zeit voraus, in der die «Geschlechter» rein lokale Grössen geworden waren, wie eben die Samaria-Ostraka bestätigen, d. h. dass die Geschlechtsnamen zu einem grossen Teil auch Ortsnamen sind. Nun liegt es in der Natur der Sache, dass die Namen der Administrationsdistrikte keine andere gewesen sind als die üblichen Namen der Gaue und Ortschaften. Das heisst aber wiederum, dass die Namen keine besondere Zeit spiegeln; die Namen haben sich im Grossen und Ganzen nicht geändert, so lange hebräisch und aramäisch in Palästina gesprochen wurde — von möglichen Einzelausnahmen können wir ruhig absehen. Und das heisst wiederum, dass nichts die Annahme verbietet, dass ein Mann, der genügend Lokalkenntnisse zu Palästina und zu der immer noch lebendingen Tradition über das gegenseitige Verhältnis der «Geschlechter», wie etwa der Unterdistrikte einer grösseren landschaftlichen und administrativen Einheit, wie sie etwa in der Königszeit gewesen, gehabt hat, noch in älterer nchexilischer Zeit eine solche Liste hat zusammenstellen können. Oder mit anderen Worten: dass P selber der Verfasser der Liste sein kann, oder — was auf dasselbe hinauskommt — dass sie die Gelehrtheit seines Kreises vertritt.

Was den «geschichtlichen» Inhalt seiner Listen betrifft, so wird wohl die Sache hier ähnlich wie bei seiner Liste der edomitischen und nordarabischen Klane (s. oben) liegen. Mündliche Traditionen über ältere und jüngere Verhältnisse und faktische Landeskunde sind zu einem Flachbild systematisiert worden, das eigentlich keiner bestimmten Zeit oder geschichtlichen Situation entspricht.

Eine interessante Frage bieten die Namen der Stammeshäuptlinge in Num 1:5-15; 2; 7:12-83; 10:14-28. GRAY meinte behaupten zu können, dass viele dieser Namentypen und ihr gegenseitiges Verhältnis auf späte, exilisch-nachexilische Zeit deuten,[97] während HOMMEL ein viel höheres Alter verteidigte.[98] NOTH steht HOMMELs Auffassung recht nahe.[99] ALBRIGHT weist darauf hin, dass viele neuere epigraphische Funde aus Israels Umgebungen die Altertümlichkeit der in den genannten Listen vorkommenden Namentypen vollauf bestätigt hat, und gibt somit HOMMEL Recht — abgesehen von vielen Irrtümern in den Einzeldeutungen.[100]

— Die Frage meldet sich natürlich: woher kann P diese altertümlichen und eventuell eine alte Zeit spiegelnden Namen haben? Geht er hier auf irgend ein altes Dokument zurück? ALBRIGHT scheint in Num 7 die Originalstelle der oben genannten Stellen bei P zu finden, und meint hier, «an archaic document» zu haben. — In der Form, in der Num 7 jetzt vorliegt, kann die Liste kein altes Dokument sein. Num 7 ist formgeschichtlich gesehen keine «Liste», überhaupt kein «Dokument», sondern ein Teil der *Erzählung* des P und hat die, allerdings unepische, schemenhafte Form, die in den «Erzählungen» des P die übliche ist. Als Erzählung von der Wüstenzeit ist Num 7 ungeschichtlich; in der Wüste haben die Israeliten keine Ochsen und Grossvieh als Kultgaben schenken können. Was P als geschriebene Quelle vor sich gehabt haben *könnte*, ist ein (altes) Verzeichnis über Tempelgaben etwa aus der Zeit Salomos, die er (oder seine Vorlage) auf die Zeit Moses bezogen und für seine Wüstengeschichte verwendet habe. Auch dieser Ausweg ist aber ungangbar. NOTH hat nämlich ohne Zweifel recht, wenn er die Grundstelle der viermal von P wiederholten Namenliste in Num 1:5–15 findet.[101] Das bedeutet aber, dass wir die anderen Stellen eben für das nehmen müssen, als was sie jetzt hervortreten: als Glieder der Erzählung P's, die er selber auf Grundlage seines eigenen Berichtes in Num 1 konstruiert hat. Eine Anzahl gebührender Tempelgaben als Leistungen der Häuptlinge zu dem Kult aufzufinden war ihn keine schwierige Kunst; die Tendenz seiner Legende ist offenbar: solche Gaben geziemt es einem «israelitischen Häuptling» bei passender Gelegenheit dem Tempel zu geben — geht Ihr hin und tut desgleichen!

Die Frage wird dann, woher P die altertümlichen Namen in Num 1 haben kann. Es ist nämlich klar, dass auch Num 1 von P als Glied seiner «Erzählung» gedacht ist, und als solche das ganze Gepräge von unwirklicher Konstruktion hat, wie überhaupt seine Darstellung der Geschichte der Wüstenzeit.

Irgendwie vorgefunden sind nur die Namen. So fasst auch NOTH die Sache: «Num L:5ff scheint mir ein sehr altes Stück zu sein» (*op. cit.* S. 17). Das kann nun jedenfalls nicht von der vorliegende Form mit ihrer Verteilung der Namen auf die 12 Stämme gelten. In der Richterzeit gab es kein 12-stämmiges Israel (s. oben). Zur Zeit Davids und Salomos existierte kein Stamm Ruben mehr; jedenfalls finden wir in Salomos Kreiseinteilung 1 Kg 4:7ff keine Spur von ihm, wie wir auch in der ganzen Königszeit von keinem einzigen geschichtlichen Rubenit hören.[102] Dasselbe gilt auch von dem Stamm Simeon.[103] Was bleibt, sind somit bloss die nackten Namen. Ist es wirklich undenkbar, dass man in den von P vertretenen gelehrten Kreisen so viel Traditionskunde hatte, dass man auch wusste, welche Typen von Namen in «alten Tagen» üblicher als zu ihrer eigenen Zeit waren, und daher die zwölf Stammesfürsten der Wüstenzeit mit altertümlichen Namen ausstatten konnte? Jeder einigermassen gebildete Norweger weiss ganz genau, welche Eigennamen und Namentypen er zu verwenden hat, wenn er irgend eine Erzählung in die «Sagazeit» verlegen will. Wir wissen ja auch, wie lange die alten und heutigen Semiten das Gedächtnis von den Namen ihrer Väter bewahrt haben; dass der Name lebendig bleibe, war der höchste Wunsch, und dafür zu sorgen, dass so geschah, die höchste Pflicht der Nachkommen.

So hat sich wieder gezeigt, dass P allerdings — auch abgesehen von den legislatorischen Stoffen (s. oben) — gewisse Traditionen, die nicht aus J stammt, aufgenommen hat, dass aber sein ganzer Geschichtsaufriss von J (bzw. JE) abhängig ist, und dass er keine wirkliche alte Geschichtstraditionen besessen hat, die nicht letzten Endes aus J stammen. (Ich mache ausdrücklich darauf aufmerksam, dass ich Gen 14 nicht zu P rechne).

Sollen wir uns damit P als einen Verfasser vorstellen, der mit dem Buche J vor sich am Schreibtisch diese Vorlage bearbeitet und excerpiert? — Das würde kaum richtig sein. Traditionsgeschichtlich liegt ein weiter Weg zwischen J und P. Erstens ist sein J gewiss das gewesen, das in der klassischen Literarkritik unter dem Namen JE geht. Gekannt hat er aber gewiss das Buch J (JE). Und zweitens haben wir gesehen, dass er auch die deuteronomistische Israelssaga gekannt hat. Er setzt die deuteronomistische Eroberungslegende im Josuabuche voraus. Wir dürfen aber nicht vergessen, dass schriftliche Fixierung nicht das Aufhören der mündlichen Tradition bedeutet. Was schon J niedergeschrieben hatte, hat gewiss daneben auch ihr mündliches Leben fortgesetzt. Die mündliche Überlieferung auch der Bücher war, wie NYBERG gezeigt hat, in einem meistens analphabetischen Volke das Normale.

Mündliche Überlieferung bedeutet aber immer, so lange die Tradition noch lebendig ist, Entwickelung. Die von J aufgezeichneten Stoffe haben gelebt und sich in mancherlei Richtung weiter entwickelt, teils wachsend, teils aber auch verkümmernd, selten aber ungeändert.[104] P zeigt uns die Richtung, die diese Entwickelung in priesterlichen Kreisen genommen hat. Auch in gelehrten Kreisen lebt die Legendenbildung, wie nicht am wenigsten der Talmud und die Midrasche beweisen.

### 9.

Was die *Zeit* des P betrifft, so haben wir nichts gefunden, das die klassisch gewordene literarkritische Ansetzung in nachexilische Zeit widerspräche. Wenn auch die Hauptstütze der Graf-Wellhausenschen näheren Datierung, die man in Neh 8 gefunden hat, fällt (s. oben S. 8), so bleiben genügend Gründe für die nachdeuteronomistische, nachexilische Datierung sowohl von H wie von P übrig. Um nur Einiges zu erwähnen, kann auf das ganze hierarchische System hingewiesen werden. Der Hohepriester, der unter diesem Titel in keiner vorexilischen Quelle vorkommt, hat den Platz und die Insignien des Königs, der in vorexilischer Zeit eine zentrale Rolle im Kulte gespielt hatte,[105] übernommen. — Sowohl H wie P verwenden in ihren Festkalendern den babylonischen Kalender und die babylonischen Monatsnamen und rechnen mit dem Frühlingsneujahr im Gegensatz zu dem alten kanaanäischen und israelitischen Herbstneujahr.[106] Dass sich einige der alten Monatsnamen und Spuren des alten Kalaneders noch in der Quelle des Köningsbuches (1 Kg 6:38; 8:2) und bei Ezekiel finden,[107] zeigt wohl, dass der Übergang zu dem babylonischen System frühestens in der Exilzeit stattgefunden hat. — P's geringes Interesse für die Gebiete Efraim und Manasse in seinen Grenzbeschreibungen in Josua hängt mit seiner antisamaritanischen Einstellung zusammen.[108] Dagegen muss zugegeben werden, dass WELLHAUSENs Ansicht, dass das ganze Kultsystem des P und sämtliche der darin sich findenden Ordnungen jünger als

Dt seien, zu einseitig konstruiert ist und auf der Voraussetzung einer viel zu gradlinigen «Entwickelung» beruht. Dass aber die Unterscheidung zwischen Priestern und Lewiten nachexilisch ist, kann niemand leugnen. Die Erklärung der Unterschiede zwischen Dt und P aus verschiedenem Ursprungsort der beiden in verschiedenen Heiligtümern[109] sollte man lieber fallen lassen. Kein Jude hat jemals bezweifelt, dass «die Stätte, die Jahwe zum Wohnen seines Namens erwählt hat», Jerusalem war, und das haben auch die Samaritaner, wie wir aus Ezra 3-6 sehen können, nicht getan, bevor sie herausgeschmissen wurden und sich mit Garizim begnügen mussten.

Freilich sind immer wieder Versuche gemacht worden, den vorexilischen, genauer: vordeuteronomistischen Ursprung des in P vorliegenden Kultussystems und damit auch von P zu behaupten. So meint KAUFMANN die These aufstellen zu können, dass die Gesetze in P eben als ein «Kodex für den Kultus auf den Opferhöhen» (*bâmot*) gedacht seien, d. h. für irgendwelche Opferhöhe.[110] Das muss als ganz ausgeschlossen betrachtet werden. Im Zentrum des Kultuswesen bei P steht das «Tabernakel»; P kann sich aber nicht viele Tabernakel vorgestellet haben, aber auch nicht, dass das von Mose nach göttlicher Anweisung verfertigte Tabernakel auf irgendwelche Opferhöhe aufgestellt werden konnte.

KAUFMANN wiederholt[111] die von anderen hervorgesetzte Hypothese, dass das Zelt keine «Spiegelung» oder Rückprojection des jerusalemischen Tempels zurück in die Wüstenzeit ist, sondern ein vergrösserndes Idealbild des alten Orakeltelts (*ohæl moɛed*), von dem eine fragmentarische Erinnerung in Ex 33:4-11 vorliegt, und zu dem man ältere und moderne arabische Analogien hat nachweisen wollen.[112] Das ist nicht richtig. Das Tabernakel bei P ist nicht in erster Linie als Orakelstätte, sondern als Opfer- und Sühnestätte gedacht; in das Tabernakel wird das Opferblut hineingetragen und auf den Altar gesprengt zur Sühne der Sünden des Volkes; dort finden auch die anderen Sühne- und Reinigungsriten, wie sie etwa in Lev 16 beschrieben sind, statt. Richtig ist freilich, dass im Tabernakel auch Offenbarungen und Mitteilungen von Jahwe an Mose stattfinden. Richtig auch, dass P's Idee, das Wüstenheiligtum ein in die Wüste zurückprojiziertes Zelt sein zu lassen, im letzten Grunde von dem Orakelzelt (*ohæl moɛed*), von dem er in J (JE) einen Bericht fand, inspririert ist. P hat sogar den Namen des Orakelzelts *ohœl moeed* für sein Zeltheiligtum übernommen. Aus diesem Orakelzelt hat er aber etwas ganz anderes gemacht: ein Opfer- und Kultheiligtum, das einzige, für alle die 12 Stämme Israels. Dass somit das Tabernakel eine Zurückprojizierung eines Opfertempels ist, die zwar auf eine ältere Zelttradition zurückgreift, lässt sich nicht bezweifeln. Ob dann der Tempel Salomos oder Zerubabels das Vorbild des Tabernakels gewesen ist, ist in dieser Verbindung nebensächlich.

KAUFMANN weist auch darauf hin, dass P die deuteronomistischen Vorstellungen von der «auserwählten» Stätte und der heiligen Stadt nicht kennt, sondern dafür andere Ausdrücke wie: «das Lager», «die heilige Stätte», «die reine Stätte», verwendet. Für «nicht kennt» hätte KAUFMANN hier «nicht gebraucht» sagen müssen. P's Wortwahl ist einfach eine notwendige Konsequenz davon, dass er an der Fiktion von der Wüstenzeit und der damaligen Situation festhält und nicht aus der Rolle fällt. Für ihn waren die Israeliten damals ein marschierendes Heer, daher die Vorstellung von «dem Lager» und die auf die militärische Ordnung zurückgehenden Ausdrücke. — Übrigens könnten die Bezeichnungen P's für die Kultstätte wohl älter als die von Dt verwendeten sein, ohne dass damit das Buch des P älter als das Buch Dt wird. Denn dass viel Vorexilisches in den Kultritualen des P zu finden ist, wird heutzutage allgemein zugegeben. Um nur ein Einziges zu nennen: die Ordnung und das Ritual des in den Häusern gefeierten Passahmahls bei P ist ohne jede Frage älter als die Ordnung, die Dt vergebens einzuführen suchte.

Was KAUFMANN von dem «prophetokratischen Ideal» bei P, im Gegensatz zu der üblichen Betonung seines hierarchischen Ideals sagt, ist aller Beachtung wert. P's Betonung von dem «Propheten» Mose als dem eigentlichen Volksführer, übergeordnet über den Hohepriester Ahron, kann aber nicht als ein Beweis dafür ausgenutzt werden, dass P das Königtum voraussetze und eine royalistische Einstellung vertrete, wie KAUFMANN tut. Mose ist keine Präfiguration des Königs, er ist ein Exponent der schon von Dt und den Deuteronomisten vertretenen Geschichtsauffassung: die richtigen gottgewollten Volksleiter in Israel sind inspirierte Propheten und der charismatisch ausgerüstete Führer; das Königtum dagegen ist Abfall. Mose ist in der Überlieferung überhaupt, und so auch bei P, in dem idealisierten Bilde des alten Sehers und Häuptlings in einer Person, des «Urscheichs»[113] gezeichnet, mit Überführung gewisser Züge des «Propheten» (*nâbî'*) auf den «Seher» und Orakelvermittler. Wenn Mose bei P in mehreren Fällen dem Könige entspricht,[114] so bedeutet das nur, dass Chargen des alten Seher-Häuptlings auch auf den König übertragen worden waren; Mose hat sie aber immer ausgeführt, er hat sie nicht von dem König übernommen. KAUFMANNs Plaidoyer für vorexilischen Ursprung des Buches P kann somit nicht als gelungen betrachtet werden.

## 10.

Als *Ursprungsort* des P betrachtete die ältere Kritik gewöhnlich Babylonien. Das wurde meistens als selbstverständlich betrachtet. Dahinter lag wohl die Vorstellung von der ganzen Verödung Judäas und dem Aufhören jedes Geisteslebens daselbst nach 587. Diese Vorstellung ist aber falsch, wie sowohl Threni wie Deuterojasaja, der in Judäa gelebt und gewirkt hat, beweisen. Dem sei aber wie ihm wolle — P ist für die restaurierte Gemeinde geschrieben. Und wenn P der Verfasser der Grenzbeschreibungen im Josuabuche ist, so verraten diese so gute und detaillierte Kenntnisse der Topographie und der älteren lokalen Tradition (S. 36), dass sie von einem in Judäa, d. h. Jerusalem lebenden, die dortigen Priesterkreise vertretenden Mann geschrieben sein müssen.

## 11.

Die Quelle P ist nun — darin hat die Literarkritik vollständig Recht — mit der anderen Quelle, die wir J, gelegentlich auch den erweiterten J genannt haben, dem JE der traditionellen Literarkritik, von einem «Redaktor» zusammengearbeitet worden. Dafür ist auf die Erwägungen oben S. 10–20 zu verweisen. Eine Spur dieser redaktionellen Tätigkeit ist die Glosse ε*aśæræt haddĕbārim* in Ex 34:28. Bei dieser Zusammenarbeitung hat nach allgemeiner Ansicht P mit seinem chronologischen Schema als «Grundschrift» gedient, in die die entsprechenden Teile von J hineingearbeitet worden sind. Dabei ist aber zu beachten, dass diese Zusammenarbeitung keine Umwerfung der J-Stücke mit sich gebracht hat. Die Reihenfolge der Ereignisse ist bei J in allem Wesentlichen dieselbe wie bei P gewesen, wie wir es auch oben in II 8 (S. 26–43) vorausgesetzt haben. Die nach der Ausscheidung von P übrig bleitenden Stüche von J (bezw. JE) bilden einen wohlgeordneten geschichtlichen Zusammenhang. Der Aufriss der Vor- und Frühgeschichte Israels ist ein für alle Mal von J festgelegt worden.

### III. Der Jahwist.

#### 1.

Wenn es ein selbständiges Sagawerk P gegeben hat, das mit einer anderen literarisch vorliegenden Stoffmasse zusammenredigiert worden ist, so bedeutet das, dass auch eine zweite Quelle des Pentateuchs vorgelegen hat. Das ist eben die oben dem Jahwisten zugeschriebene *Vor- und Frühgeschichte* (norw. *fornalderssaga*) von der Schöpfung bis zur Landnahme, in der üblichen Literatur JE genannt. Dass diese Saga älter als P ist, braucht seit WELLHAUSEN keiner Beweisführung mehr, s. oben S. 30. Wir haben denn auch gesehen, dass P sich überall an J angeschlossen hat, wie auch traditionsgeschichtlich gesehen P überall die jüngere Gestaltung der Stoffe vertritt.

Die bisherige Literarkritik hat fast ausnahmslos angenommen und es für bewiesen gehalten, dass diese Saga in deuteronomistischer Bearbeitung dem Zusammenarbeiter (Redaktor) von J und P (R$^{JP}$) vorgelegen hat. NOTH ist aber darin zuzustimmen, das dies nicht der Fall ist.[115] Die sparsame deuteronomistische Glossierung ist eine Folge der später stattgefundenen Ineinanderschiebung (engl. telescoping) des letzten Teils von JP in den ersten Teil der deuteronomistischen Saga, durch welche der Pentateuch entstanden ist.[116]

Dass man bei der Unterscheidung von P und der älteren Quelle diese (vorläufig) als eine Einheit behandelt, ist methodisch richtig; das hat auch WELLHAUSEN in seiner *Composition des Hexateuchs* getan. Die herrschende Literarkritik betrachtet bekanntlich mit Wellhausen und seinen Vorgängern diese ältere Quelle als aus zwei parallel laufenden Quellen J und E zusammengearbeitet, wobei E als die jüngere gilt. Die Opposition gegen diese Auffassung unterscheidet insofern auch literarkritisch, indem sie die Hauptmasse der vermeintlichen E-Stücke dem J zuschreibt, dabei aber auch mit einer recht grossen Menge von jüngeren Zusätzen zu J rechnet. Es besteht insofern darüber Einigkeit, dass man zwischen einem ursprünglichen J und einem später irgendwie «bearbeiteten» J unterscheiden muss. In beiden Fällen ist aber die Frage methodisch berechtigt: was hat die Saga des (ursprünglichen) J umfasst? Welcher Zeitraum ist es, dessen Geschichte sie erzählen will und erzählt hat?

Aus praktischen Gründen, und um dem folgenden «E»-Problem nicht vorzugreifen, halte ich mich in diesem Kapitel zu den Partien des Pentateuchs, die allgemein dem J zugeschrieben werden. Für die im Folgenden behandelten Probleme hat diese Beschränkung keine wesentliche Bedeutung. Nur würde eine Miteinbeziehung der etwa von VOLZ und RUDOLPH dem J zugewiesenen «E»-Stücke zu einer etwas niedrigeren Ansetzung der Zeit des J führen. Auch das wäre aber für unsere Fragestellungen ohne grossen Belang. Es wird sich aber im Laufe unserer Untersuchung zeigen, dass J tatsächlich mehr enthalten hat als das ihm von der herrschenden Quellenscheidung Zugeschriebene. — Auf die «Theologie» des Werkes gehe ich im Folgenden nicht näher ein. Für eine Darstellung derselben ist es natürlich wichtig festzustellen, welche Stücke dem J zuzurechnen sind.

Dass die Saga des J genau wie P mit der Schöpfung und den ersten Menschen angefangen hat, ist evident. Die überwiegende Ansicht der Literarkritik ist, dass J die Geschichte des auserwählten Bundesvolkes von der Schöpfung bis zum Wohnhaftwerden in Kanaan erzählt hat, und somit in den Büchern Gen, Ex, Num, Dtn 32-34 und Josua zu finden ist. Ich sehe hier von den Versuchen ab, die Hexateuchquellen auch in den Büchern Richter, Samuel und Könige zu verfolgen, nicht nur, weil sie für unser Thema, die Pentateuchquellen, von geringerer Bedeutung sind, sondern auch, weil ich sie jetzt für misslungen halte.[117] Wichtig für die J-E-Frage ist aber, wie sich unten zeigen wird, ob J auch von der Landnahme erzählt hat.

NOTH hat in seinen *Überlieferungsgeschichtlichen Studien* I geleugnet, dass Stücke von J und von P im Josuabuche jetzt zu finden sind. Er gibt aber unumwunden zu, dass sich sowohl bei J wie bei P deutliche Spuren davon finden, dass sie beide auf einen Bericht von der Landnahme zielen und einst davon ingendwie erzählt haben. Das ist auch unleugbar.

Im Gegensatz zu NOTH meine ich aber, dass die ältere Literarkritik darin Recht hat, dass in Ri 1 der — jetzt kaum vollständige — Bericht des J von der Landnahme enthalten ist, und dass wir hier den Schlusskapitel der Saga des J haben. Ich verweise auf mein Buch *Tetrateuch – Pentateuch – Hexateuch*.

## 2.

Dass die von J aufgenommenen *Stoffe* ursprünglich selbstständige, für sich existierende Erzählungen und Erzählungskomplexe (Traditionskomplexe, «Sagenkränze») gebildet haben, ist jetzt allgemein anerkannt. Hier ist erstens auf GUNKELs Untersuchung der Genesissagen[118] und GRESSMANNs Untersuchung der Mosesagen[119] zu verweisen. Eine neuere, den ganzen pentateuchischen Erzählungsstoff umfassende Untersuchung hat NOTH gegeben.[120] Alle diese vertreten, wenn sie auch auf dem Boden der literarischen Quellenkritik stehen, eine wirklich traditionsgeschichtliche Methode.[121] Besonders NOTH hat sich um den Ursprung aller der Einzelmotive, die sich um die verschiedenen Haupt-«Themen» gesammelt haben, bemüht. Es liegt auf der Hand, und wird auch von NOTH ausdrücklich unterstrichen, dass manches dabei recht hypothetisch werden muss. Dass er aber einen wertvollen Beitrag zur Aufhellung der Ursprünge und der Entwickelung der im Pentateuch zusammengekommenen Traditionen geliefert hat, will jeder Fachgenosse zugeben. Nur kann ich ein gewisses Bedenken gegen seine Ordnung nach «Themen» nicht unterdrücken. Das scheint mit mehr eine moderne systematische als eine genetisch-traditionsgeschichtliche Ordnung zu sein. Dass die verschiedenen Traditionen sich um gewisse in ihnen gegebene Krystallisationspunkte allmählich gesammelt haben, ist einleuchtend. Solche sind natürlich die Exodus, der Sinaibundesschluss, die Invasion in Kanaan. Bei dem letzten dieser «Themen» ist es — wie NOTH auch in seinem Josuakommentar gesehen hat — besonders deutlich, wie aus den mehr als sparsamen geschichtlichen Erinnerungen durch Hinzukommen von Überlieferungen meistens ganz anderer Art, Lokalaitien u. dgl., schliesslich eine ganze legendarische Eroberungsgeschichte hervorgewachsen ist.[122] Von einem «Thema» «Führung durch die Wüste» können wir von unserem das Ganze überblickenden Standort reden; dass es aber einmal ein geschlossener Traditionskomplex, der dieses Thema behandelte, gegeben habe, möchte ich sehr bezweifeln. Dennoch bekommt man den Eindruck, dass NOTH so etwas gemeint hat, wenn er z. B. sagt: «In das Thema «Führung durch die Wüste» ist das ursprünglich selbständige Sinai-Thema eingebettet und einbezogen worden».[123] Mir kommt es viel wahrscheinlicher vor, das «Thema» Exodus und «Thema» Sinaibundesschluss einander sozusagen von Anfang an gefunden haben, und dass die Wüstenerzählung sich nach und nach an jenen Traditionskomplex angehängt hat.

Ich möchte auch eine andere Bemerkung zu NOTHs Traditionsanalyse machen, die aber *vielleicht* mehr terminologischer als sachlicher Art ist. Er kommt sehr oft, besonders bei seiner Besprechung von Mose und den ihn umgebenden Gestalten,[124] zu dem Ergebnis, dass es sich um «südjudäische» Traditionen handelt; von der Überlieferung von dem Sohn des Mose Gerschom sagt er: «wir hätten dann den einzigen Fall eines nachweisbaren Elements ausgesprochen nordisraelitisher Tradition in der Pentateucherzählung vor uns».[125] Wenn «judäisch» in rein geographischem Sinne gemeint ist, so liesse es sich hören, obwohl es auch dann irreführend ist. Und wenn «nordisraelitisch» hier bedeuten soll: aus dem Nordreiche stammend, so muss gegen obigen Satz eingewendet werden, dass alle «israelitische» Überlieferung «nordisraelitisch» ist; denn das ursprüngliche «Israel» bestand eben aus den Elementen, aus denen später das Nordreich entstand. Juda hat vom Anfang an nichts mit «Israel» zu tun gehabt; die Landschaft und der «Stamm» Juda ist erst mit David ein israelitischer Stamm geworden, und hat sich erst dadurch auch die israelitischen Überlieferungen von Exodus, Sinaibund etc. angeeignet.

Das wirkliche Israel hat aber einmal, in der Zeit vor sowohl Gosen als Exodus, im Süden, d. h. auf der nördlichen Sinaihalbinsel in der Gegend um das alte Heiligtum «der Väter» Kadesch, gewohnt und hat daher ganz selbstverständlich auch Traditionen, die mit jener Gegend verknüpft waren, mitgebracht. Wenn NOTHs «südjudäisch» richtig, oder mindestens nicht missverständlich und irreführend sein sollte, so müsste es «nordsinaititisch» oder Ähnliches heissen.

Fast der ganze Stock der von J aufgenommenen Traditionen sind «nordisraelitisch», d. h. israelitisch. Die Überlieferung ist aber durch judäische Münde und Hände gegangen und daher stellenweise judäisch retuschiert worden; das ist z. B. bei der Josephgeschichte ganz deutlich, während die Verknüpfung der ursprünglich nordwestmesopotamisch-ostjordanischen «Partriarchhebräer» Abraham und Jakob mit Südpalästina und dem dort heimischen Isak wohl schon in vorisraelitischer Zeit stattgefunden hatte. Die einzigen wirklich judäischen Beiträge zu der Vorgeschichte sind die Thamarsage Gen 38 und die Kaleb-Ätiologien in Ri 1.

Es liegt ausserhalb des Rahmens der gegenwärtigen Studien, näher auf die Ursprünge der von J benutzten Stoffe einzugehen, und u. a. Stellung zu den einzelnen Punkten bei NOTH, wo man anderer Meinung sein kann, zu nehmen. Ich wiederhole nur, dass er einen sehr wertvollen und nützlichen Beitrag zur Sache gegeben hat.

Die vom Jahwisten benutzten Stoffe stammen aus sehr veschiedenen Zeiten. Die Patriarchgeschichten sind in ihrem Grundstock vorisraelitisch und vertreten die von Nordwestmesopotamien etwa im 16. oder 15. Jahrhundert eingewanderten «Hebräer»-Gruppen.[126] Anderes, wie die Völkertafel in Gen 10*, scheint die Verhältnisse in Vorderasien im 10. Jahrhundert zu spiegeln.[127] Die einzelnen Überlieferungen von der Auszugs- und Landnahmezeit und von den Sinaibegebenheiten verraten eine längere Traditions- und Entwickelungsgeschichte und sind recht verschiedenen Ursprungs. Ätiologische Lokalsagen haben eine bedentende Rolle gespielt;[128] das Muster der Festgottesdienste hat die Sinaiüberlieferung stark geprägt.[129]

3.

Von J als Geschichtsschreiber hat HÖLSCHER eine tiefgehende und feinsinnige Darstellung gegeben,[130] die jedoch daran leidet, dass er J auch in dem Samuelbuche und im Königsbuche bis 1 Kg 12 finden will, eine Hypothese, die weder bewiesen noch beweisbar ist.[131] Dadurch wird HÖLSCHERs Bild vom Jahwisten etwas verzeichnet. Das verhindert aber nicht, dass man immer viel von ihm lernen kann. Sein Blick für das Konkrete, sein Sinn für die tragenden

Idéen, sein Vermögen, die Dinge kurz und klar darzustellen, verleugnen sich nie. Dagegen hat HÖLSCHER kaum Recht, wenn er in J, dem Werk des J, den ersten Anfang israelitischer Geschichtsschreibung sieht. Diese Rolle wird aller wahrscheinlichkeit nach der vom deuteronomistischen Sagaschreiber zitierten Salomosaga zukommen. Darauf brauchen wir aber in diesem Zusammenhange nicht einzugehen.[132]

Dagegen müssen einige Worte über von RADs Auffassung von der *Komposition* der Geschichte des J gesagt werden.[133] Der Wert der Arbeit v. RADs wird nicht dadurch verkleinert, dass er — von der wissenschaftlichen Tradition bestimmt — sich auf die Teile des Hexateuchs beschränkt, die von der herrschenden Literarkritik dem J zugeschrieben worden sind; auch nicht davon, dass man nicht immer seine Auffassung der Einzelprobleme teilen kann. J umfasst in der Tat, wie wir sehen werden, mehr als das, was von RAD ihm zuschreibt.

v. RAD nennt seine Arbeit eine «formgeschichtliche» Untersuchung; richtiger hätte er «das traditionsgeschichtliche Problem» sagen müssen. Jedenfalls bezeugt seine Arbeit den nahen Zusammenhang zwischen form- und traditionsgeschichtlichen Gesichtspunkten und Methoden.

v. RAD hat u. a. überzeugend nachgewiesen, dass die Stoffe der älteren Überlieferung innerhalb des Hexateuchs, d. h. in J, im grossen Ganzen aus vier Traditionskomplexen — oder etwas unbestimmter ausgedrückt: Traditionsmassen — bestehen: den Auszug- und Landnahmetraditionen, die wohl besonders bei den amphiktyonalen Zusammenkünften gepflegt worden sind; der Sinaitradition, mit dem Kulte des Jahresfestes in Zusammenhang stehend; den Patriarchtraditionen, und den Urzeitsagen. Von diesen haben die beiden Erstgenannten relativ fest geformte Überlieferungen, jede von ihrem religiösen Leitgedanken bestimmt, gebildet. Bei der Komposition dieser Stoffmassen ist zunächst die Sinaitradition in die Landnahmetraditionen hineingeschoben worden, wobei letztere den Rahmen gebildet haben; als Vorgeschichte haben sie die Patriarchüberlieferungen erhalten, und vor den ganzen Bau sind die Urzeitsagen von der Schöpfung und den ersten Menschen als «Eintrittsportal» gesetzt worden.

v. RAD meint, dass diese Kompositionsarbeit im Wesentlichen das Werk des Jahwisten selber ist. Wahrscheinlicher kommt es mir vor, dass die beiden erstgenannten Traditionsmassen recht früh einander herangezogen haben und schon in der mündlichen Überlieferung miteinander verknüpft worden sind.

Ähnlich fasst auch NOTH[134] die Sache auf, nur, dass er nicht von der «mündlichen Tradition» spricht, sondern von der «gemeinsamen Grundlage» des J und des E. Die Verbindung von den «Themen» der Exodus, der Wüstenwanderung, der Landnahme und der Sinaiereignisse ist nach NOTH ein Werk der oben genannten «Grundlage». Dabei lässt er es offen stehen, ob diese für J und E gemeinsame «Grundlage» schriftlich oder mündlich vorgelegen habe. Die Existenz dieser gegebenenfalls recht fest ausgearbeiteten «Grundlage» steht und fällt mit der Existenz einer selbstständigen Quellenschrift «E», an der NOTH festhalten zu müssen meint.

Aber auch wenn man an der J-E-Hypothese festhält, so ist die durchgehende Parallelität noch kein Beweis für die Existenz einer gemeinsamen Grundlage. Die eine der beiden Quellen kann recht wohl von der anderen abhängig sein. Wenn es neben J eine eigene Quelle «E» gegeben hat, so muss HÖLSCHER darin unbedingt recht gegeben werden, dass «E» überhaupt von J abhängig ist. Ein unabhängiges «nordisraelitisches Sagenbuch», den Elohisten (PROCKSCH) hat es jedenfalls nie gegeben.

Wenn man aber statt NOTHs «Grundlage» eine unter sich mehr oder weniger fest verbundene Traditionsmasse sagt und jedenfalls vorläufig von der «E»-Frage absieht, so besteht kein prinzipieller Unterschied zwischen NOTHs und meiner oben angedeuteten Auffassung von den «Vorlagen» des J. Nur muss ich darin von RAD ausdrücklich beistimmen, dass J aller Wahrscheinlichkeit nach der Erste gewesen ist, der die im Pentateuch vorliegenden Traditionsmassen schriftlich fixiert hat. Jedenfalls stimmen v. RAD, NOTH und der gegenwärtige Verfasser darin überein, dass auch die Landnahmetraditionen in irgendeiner Form zu den von J übernommenen und verarbeiteten Stoffen gehört haben, und dass J's Sagawerk auch einen Bericht irgend einer Art von der Landnahme enthalten hat, wenn auch NOTH leugnet, dass etwas davon in dem jetzigen Hexateuch erhalten ist.

Allem Anscheine nach haben die von J aufgenommenen Stoffe als mündliche Tradition vorgelegen.

### 4.

J zitiert allerdings auch ein Paar Mal *alte Lieder* aus dem «Buch der Braven» (*sefær hay-yǎšǎr*) und dem Buch von den Kriegen Jahwes (*sefær milḥǎmot yhwh*),[135] die vielleicht nur zwei Bezeichnungen desselben Werkes sind, jedenfalls aber Themen von der Wüstenwanderungs- und Landnahmezeit behandelt haben.[136] Das Buch ist jedenfalls jünger als David, da es auch das Leichenlied über Saul und Jonatan enthalten hat, vielleicht auch den sogen. Tempelweihspruch Salomos (Kg 8:12 G). Wahrscheinlich deutet Num 21:27ff auf Davids Eroberung von Moab hin. Das Buch hat nicht (bloss) lyrische Gedichte enthalten, sondern auch epische Dichtungen von den Heldentaten der Vorzeit. Es fragt sich, ob wir hier mit kleineren selbständigen «Rhapsodien» oder mit einem aus solchen zusammengeknüpften Epos zu tun haben. Ersteres ist wahrscheinlicher, da J selbst einmal auf «die Rhapsoden» (*mošělim*) in Plural als Quelle für seine Angabe hinweist. Es ist aber auch wahrscheinlich, dass jene Rhapsodien im Bewusstsein der «Skalden» und ihrer Zuhörer eine gewisse traditionelle Reihenfolge bildeten, auch wenn die «Gesänge» nicht zu einem durchgearbeiteten Epos verbunden worden waren.
— Dass das überlieferte Bild von einem Ereignis der Vergangenheit von den mythisch-poetischen Schilderungen der epischen Dichtung bestimmt ist, ist z. B. aus Jos 10:12ff zu sehen. Es handelt sich aber in diesem Falle nicht um den ursprünglichen Verfasser J, sondern um die spätere legendarische Entwickelung der Traditionen, mit denen J's Saga stellenweise später erweitert worden ist. Davon ist unten zu handeln.

Die Lieder der Rhapsoden brauchen aber keineswegs dem J schriftlich vorgelegen zu haben. Er kann sie mindestens ebenso wohl mündlich gekannt haben, wenn er auch wusste, dass sie auch in einem «Buch» aufgezeichnet worden waren.

Die Komposition einer von der Schöpfung bis zur Landnahme reichende Israelgeschichte darf man somit sicher als das Werk eines einzelnen Mannes, des «Jahwisten», betrachten.

5.

*Das Millieu des Verfassers J* ist nicht schwer zu bestimmen. Dass er Judäer, näher bestimmt Jerusalemer war, ist von fachkundiger Seite nie bezweifelt worden.

Er ist ein schreibkundiger, ein «gelehrter», «weiser» Mann, ein *ḥåkåm*, gewesen. Das bedeutet, dass er zu dem recht beschränkten Kreise eines Fürstenhofes gehört hat.

Er ist aber auch ein mit den alten heiligen Traditionen über die Ursprünge, über Kultstätten, heilige Vorväter, Gottes Eingreifen in den Gang der Geschichte vertrauter Mann gewesen. Das bedeutet, dass er irgendwie zum Kreise um eine wichtige Kultstätte gehört hat. Er ist in dem einen oder dem anderen Sinne ein homo religiosus gewesen.

Nun deutet alles derauf, dass in Jerusalem, wie in so vielen anderen Königsstädten, Tempel und Hof nahe miteinander verknüpft waren; der Tempel in Jerusalem war gewiss und in noch höherem Grade als der in Betel, ein «Königstempel». Der König brauchte Schreibkundige, seine Schlosskirche brauchte Schreibkundige. Der Kreis der «Weisen», der Literaten in Jerusalem ist gewiss ebenso genau an den Tempel wie an die Königskanzelei geknüpft gewesen.

In dieser Verbindung möchte ich die Frage nach Millieu etwas konkreter formulieren: kann J als *Hofhistoriograph* bezeichnet werden? — Im gewissen Sinne — ja. Seine Frühgeschicht ist nicht ohne politische Tendenz, das ist überhaupt keine antike Geschichtsschreibung. In den orientalischen Königtümern von Gottes Gnaden[137] geschah jede Aufzeichnung von geschichtlichen Ereignissen in majorem regis gloriam. Das war nicht bei J der Fall, mögen auch die «Anfänge» israelitischer Geschichtschreibung» in dieser Kategorie gehört haben. In Israel ist etwas Neues hinzugekommen, das seine Religion von allen anderen orientalischen Religionen unterscheidet: das *religiös begründete* geschichtliche Interesse, das sich sowohl in einer Geschichtsschreibung ohne Seitenstücke in den anderen orientalischen Kulturen, als in der starken Verkündigung der Propheten von Jahwe als dem lebendigen Herrn und Gott der Geschichte Ausschlag gegeben hat. Dies geschichtliche Interesse hat ohne Zweifel in dem Umstand seine Wurzel, dass diese Religion aus dem Erlebnis des Eingreifens Jahwes in tatsächliche geschichtliche Ereignisse entstanden ist. Das bedeutet, dass das geschichtliche Interesse in Israel nie bloss national oder royalistisch, sondern immer mehr religiös orientiert gewesen ist. Die Geschichte ist für J der Bericht von Jahwes wundervoller Leitung (vgl. Ex 34:10) von Menschen und Ereignissen. Die Geschichte wird in majorem Dei gloriam erzählt.

Zusammen mit diesem religiösen Interesse hängt aber auch das nationale und politische; zwischen diesen beiden Lebenssphären haben die alten Israeliten nicht unterschieden. J will den Glauben an Gottes Plan mit Israel stärken, und zeigen, dass dieser immer noch kraft des grundlegenden, schon seit der Schöpfung vorausgesehenen Bundes besteht. Und wenn J seine Saga mit einer Übersicht über die Landnahme abgeschlossen hat,[138] so kann kein Zweifel darüber bestehen, dass er Jahwes Plan mit Israel in dem nationalen davidischen Königtum typisch realisiert sah; die Hindeutungen auf die Herrlichkeit des Davidreiches bei J dürfen nicht übersehen werden.[139] Die vollständige Eroberung Kanaans wurde erst abgeschlossen, «als Israel stark wurde» (Ri 1:28), womit gewiss auch auf das Reich Davids und Salomos hingedeutet wird.

Was mag nun die äussere Veranlassung zu J's Verfasserschaft gewesen sein? Seine Saga ist nach der Reichstrennung geschrieben (s. unten). Es scheint eine nicht seltene Tatsache zu sein, dass eine nationale Sagaschreibung nicht während das betreffende Volk auf der Höhe seiner Machtentfaltung steht, wenn der Blick auf die Aufgaben des Tages gerichtet ist, anfängt. Nationale Sagaschreibung ist nicht selten ein Rückblick auf eine geschwundene Herrlichkeit, um Kräfte, Mut und Glauben zur Wiedergewinnung des Verlorenen zu sammeln. Nach dem Fall des Langobardereiches schrieb Paulus Diaconus seine Gesta Longobardorum, nach dem Untergang des neuperischen Reiches setzte sich Firdausi vor, die alte Geschichte der Achämeniden zu sammeln und dichterisch zu bearbeiten, als ein Stück des Widerstandes des persischen Volksgeistes gegen Islams Unterdrückung. Als die Tage der Republik zu Ende waren, schrieb Livius seine römische Geschichte. Saxo Grammaticus schrieb seine dänische Geschichte, um in einer zersplitterten und schwierigen Zeit sein Volk zu neuem geistigen und nationalen Leben zu wecken.

So liegt die Vermutung sehr nahe, dass der Hintergrund des

jahwistischen Geschichtswerkes eben die Versuche sind, die von Juda aus gemacht wurden, die Herrlichkeit des Davidreiches wieder zu errichten.[140] — Die ersten hundert Jahre nach der Reichsteilung war Juda von Israel politisch abhängig. Nach dem Fall der Omridynastie war dieser Zustand zu Ende, und mit Amazja (ca. 804–776) fing eine aktive Politik an, die politischen Traditionen des Davidreiches wieder zu verwirklichen. Eine bewusst antikanaanäische Religionspolitik war schon mit Asa (ca. 912–873) und Josafat (ca. 872–851) wirksam gewesen. J zeigt auch keine Spur von den kultischen Zuständen — Ascherapfäle, Kultprositution etc.[141] — gegen die die genannte Reformbewegung gerichtet war. Anderseits findet sich auch keine Spur von einer Polemik gegen jene Kanaanismen.

Es wird daher richtig sein, J's Saga sowohl mit der jahwistischen Reaktion als mit der Politik der Davididen zu setzen: die Wiederbelebung der alten national-religiösen Ideale und die Wiedergewinnung der Herrlichkeit des «grossisraelitischen» Davidreiches.

In diesem Sinne ist J auch Hofhistoriograph.

Wir dürfen getrost einen Schritt weiter gehen und behaupten, dass J nicht nur Jerusalemer war, sondern dass er auch zu den beim Hof gesammelten Kreisen gehört hat. Im grossen Ganzen liegt der von J benutzte Stoff in einer Form vor, die von dem Verhältnis zu Heiligtum und Kultus bestimmt ist. Ein grosser Teil davon besteht aus Kultätiologien: die Patriarchsagen sind alle an heilige Stätten geknüpft und handeln von der Stiftung derselben. Schon J's ältester Sinaibericht ist von dem kultischen Muster geprägt, und bei dem erweiterten J ist das sozusagen konsequent durchgeführt.[142] Sein Gesichtspunkt ist religiös: von den grossen Taten Jahwes will er erzählen; sein Sinaidekalog[143] ist kultisch orientiert. J war ohne Zweifel ein homo religiosus auch im äusseren Sinne des Wortes. Für ihn war «die Stätte, die Jahwe sich aussersehen wird», Morija in Gen 22, gewiss Jerusalem,[144] ganz gleichgültig, an welche Stätte die Geschichte ursprünglich gedacht haben mag. Und wenn Gen 14 mit VOLZ dem J zuzuschreiben ist, so ist hier die religiöse und nationale Suprematie Jerusalems und des dort herrschenden Königs klar ausgesprochen: schon der Erzvater Abraham hat das anerkannt.[145]

Da J ein schreibkundiger und gelehrter Mann, ein «Weiser» war, so hat er gewiss auch mit der Schreiberschule des Tempels und des

Hofes in Verbindung gestanden. Wir finden dann bei ihm auch Spuren von der «Gelehrsamkeit», die für die Schreiberschulen charakteristisch war. Beispiele davon haben wir in seiner Völkertafel in Gen 10. Dasselbe gilt von der Notiz von der Gründung von Hebron 7 Jahre vor So'an-Tanis im Nildelta.[146] Genannt können auch Nimrod, «der gewaltige Jäger vor dem Herrn», und die von ihm ausgegangenen Städtegründungen Gen 10:8ff sein. Die Legende in Gen 14 ist ein typisches Gelehrtenprodukt. Genannt soll auch der von v. RAD nachgewiesene Zusammenhang zwischen der Josephgeschichte und der Weisheitsschule sein.[147] Die Gelehrsamkeit der Schreiberschule umfasste nicht bloss Maschaldichtung, sondern auch die sprachlichen und geschichtlichen Kenntnisse, die für die politische und diplomatische Korrespondenz des Königs notwendig waren.[148]

6.

Dass J jedenfalls jünger als das Aufkommen des davidisch-salomonischen Reiches ist, liegt auf der Hand. Sein «Israel» ist immer das 12-stämmige, erst von David geschaffene «Grossisrael». Die Saga des J ist aber ohne Zweifel nach der Reichstrennung entstanden. Das sieht man daruaus, dass sie auch die Legende von dem goldenen Kalb Ex 32f enthalten hat. Denn dass diese gegen das Stierbild Jeroboeams in Bet'el (und Dan) gerichtet ist, ist immer noch die einzige wahrscheinliche Erklärung.[149] Die nähere Ansetzung der *Zeit des J* geht dann aus dem oben Gesagten hervor. Man hat den bestimmten Eindruck, dass J Asas Kultreformen hinter sich hat. Die wahrscheinliche Ansetzung wird dann um das Jahr 800 v. Chr. oder etwas später sein.[150]

7.

Dass die Saga des J, und zwar, wie wir unten sehen werden, in erweiterter Gestalt, dem Zusammenarbeiter von J und P, R[PJ], schriftlich vorgelegen hat, geht einfach aus der Redaktionsweise in Gen 6–8 hervor.

Es liegt aber kein Grund vor, zu bezweifeln, dass sie schon von Anfang an ein *literarisches Werk* gewesen ist. J verrät ein paar Mal, dass er am Schreiben interessiert ist. Jahwes ewiger Krieg gegen Amalek soll «in ein Dokument aufgeschrieben» werden (Ex 17:14); die Bundesverpflichtungen erhält Mose auf Tafeln aufgeschrieben (34:37f). J zitiert selbst das Buch des Braven (S. 54); seine Josephgeschichte hat in den Kreisen der Schreiberschule ihre Form erhalten, s. oben S. 58.

### IV. Hat es einen Elohisten gegeben?

Dass einst ein eigenes, dem J parallel laufendes, später aber mit J zusammengearbeitetes Geschichtswerk, der Elohist, existiert hat, gehörte seit HUPFELD zu den allgemein angenommenen, als gesichert geltenden Resultaten der Literarkritik. In neuerer Zeit ist aber, wie wir gesehen haben, diese Auffassung mehrfach bezweifelt und angegriffen worden. Es gilt, die Tragweite der dabei hervorgesetzten Gründe zu prüfen.

Durch die Anwendung der traditionskritischen Gesichtspunkte und Methoden ist es in der Tat klar geworden, dass die wirklichen oder vermeintlichen Unebenheiten und Widersprüche auch innerhalb der nach der Ausscheidung von P bleibenden Darstellung der Geschichte viel von ihrer Beweiskraft verloren haben. Die Art der überlieferten Stoffe und die Haltung J's zu denselben machen es nur natürlich, dass viele Unebenheiten stehen geblieben sind. Es muss auch zugegeben werden, dass in vielen Einzelfällen die Unterscheidung zwischen einem J und einem E nur deshalb vorgenommen worden ist, weil man aus anderen Fällen von der Existenz zweier Quellen überzeugt und nun bestrebt war, die Unterscheidung überall durchführen zu können. Bezeichnend ist hier eine Bemerkung, mit der WELLHAUSEN seine Analyse der Josefgeschichte einleitet: «Es ist zu vermuten, dass dies Werk (d. h. die ältere Quelle JE) hier wie sonst aus J und E zusammengesetzt sei; unsere früheren Ergebnisse drängen auf diese Annahme und würden erschüttert werden, wäre sie nicht erweisbar».[151]

## A. Beispiele von unbegründeter Quellenscheidung.

*Es gibt in der Tat eine Reihe von Stellen, bei denen man den Angriffen auf die Quellenscheidung zwischen J und E recht geben muss.*

### 1.

Um mit der Urgeschichte Gen 2–11 anzufangen, so ist es seit BUDDE[152] und SMEND[153] jetzt ziemlich allgemein anerkannt, dass der J-Bericht hier zweisträngig ist, was man gewöhnlich mit der Annahme erklärt, dass J hier zwei Unterquellen ($J^1$, $J^2$ oder $J^j$ und $J^e$) benutzt habe. Einige haben in der einen dieser Quellen den E finden wollen.[154] Nun ist aber zuzugeben, dass die Quellenscheidung in der «J»-Urgeschichte in der Tat mehr mit traditionskritischen als mit literarkritischen Beobachtungen und Argumenten operiert hat. Wenn z. B. der Kainitenstammbaum letzten Endens mit dem Sethitenstammbaum identisch ist, oder wenn Enosch ursprünglich als der erste Mensch betrachtet worden ist, so ist es dennoch sehr wohl möglich, dass einer und derselbe Verfasser die beiden Stammbäume aufgenommen habe, ohen ihre Wurzelidentität erkannt zu haben, oder dass es ihm gar nicht eingefallen sei, dass der Name des Enosch, sowie das von seinem Verhältnis zum Jahwe Erzählte ihn eigentlich und ursprünglich als den ersten Menschen charakterisierten. Eine Doppelheit der Traditionen in Gen 2–11 muss zugegeben werden; damit ist aber noch nicht zwei literarische Quellen gegeben. So habe ich auch meinen früheren Versuch, «E» in der Urgeschichte zu finden, aufgeben müssen. Es scheint mir jetzt, dass schon STAERK[155] es sehr wahrscheinlich gemacht hat, dass die J-Urgeschichte eine einheitliche Komposition ist, von einem Verfasser geschaffen, der mit seinem Stoff bewusst ordnend und formend gearbeitet hat, keine Zusammenflechtung von zwei im voraus fest formulierten Vorlagen, die ihren Zwang auf den Verfasser ausgeübt hätten. Betreffs der Paradieserzählung ist dieselbe Frage von HUMBERT sehr gründlich erörtert worden;[156] er kommt in der Hauptsache zu demselben Ergebnis wie STAERK.

Aus den ursprünglich selbstständig existierenden und in recht verchiedener Form überlieferten und herumlaufenden Mythen und Sagen von dem Ursprung der Welt, den ersten Menschen, den Kulturheroen, den Riesen der Urzeit, den Urkönigen und Urvätern usw., die teilweise schon früher zu Sagenkränzen verbunden worden waren, hat J eine von einer bestimmten religiösen Idee geleiteten[157] Urgeschichte der Menschheit und Israels geschaffen. Die im Stoffe vorhandenen Doppelheiten und Unebenheiten — ein oder zwei Bäume im Paradiesgarten; das Paradies östlich, westlich oder nördlich liegend;[158] zwei Benennungen des ersten Menschen, Adam und Enosch; die Wurzelverwandtschaft der Kainiten- und Sethitenstammbäume usw. — beruhen darauf, dass verschiedene Motive aus verwandten oder parallelen Sagen in der mündlichen Überlieferung zusammengeflossen sind. Die beiden Urväterstammbäume sind Varianten derselben Grundvorstellung, die sich beide so verschieden entwickelt haben, dass J unmöglich ihre wurzelhafte Identität erkennen konnte, wie er natürlich auch von ihrem gemeinsamen Ursprung, der durch die Entdeckung der hinter der Vorstellung von den 10 Urvätern liegenden altbabylonischen Tradition[159] klargelegt ist, keine Ahnung haben konnte, das sind alles traditionsgeschichtliche, nicht literarkritische Probleme, zu deren Erforschung GUNKEL den methodischen Grund gelegt hat.

## 2.

Für wohlgelungen halte ich auch RUDOLPHs Beweisführung[160] für die Einheitlichkeit der *Josefgeschichte*, abgesehen von den von P hineingekommenen paar Sätzen.[161] — Es ist ganz richtig, dass der, mitunter textkritisch unsichere,[162] Wechsel der Gottesnamen nicht für eine Quellenscheidung genügt; in der Josefgeschichte ist der Gebrauch von «Gott» statt «Jahwe» in der Regel sachlich begründet;[163] man kann hier auch auf den von v. RAD nachgewiesenen Zusammenhang zwischen der Joseferzählung in ihrer jetzigen Ausformung und der Weisheitsschule (oben S. 58) hinweisen; die Bevorzugung der allgemeinen Bezeichnung «Gott», «die Gottheit» statt der konkreten nationalen Gottesnamen ist für die orientalische Weisheitsliteratur überhaupt bezeichnend. Die ganze Erzählung verläuft klar und logisch zusammenhängend. Dass der Häuptling der Trabanten 37:26 und der Oberpriester in On densalben Namen, Potifar — Potifærae, haben, kann keine verschiedene Quellen beweisen, sondern demonstriert nur die Existenz von Varianten in der Überlieferung; in der ursprünglichen Form waren gewiss beide diese Nebenpersonen anonym; die Neigung, auch diesen individuelle Namen zu geben, ist einer der charakteristischen Züge der traditionsgeschichtlichen Entwickelung der Überlieferung überhaupt. «Der Häuptling der Trabanten» in 39:1 ist nicht mit dem Gefängnisvorsteher in 39:21 identisch; die Unklarheit ist darin begründet, dass «der Häuptling der Trabanten» in 40:3,4 eine irtümliche Glosse ist.

Die einzigen wirklichen Unklarheiten sind die Doppelheit, dass sowohl Ruben wie Juda als der dem Josef wohlgesinnte Leiter der Brüder auftritt, und das Auftreten der Ismaeliten neben den Midianiten in Kp. 37. Letztere Doublette enthält zugleich einen Widerspruch; nach der Erwähnung der Ismaeliten in V. 25b und der Notiz über Ruben in V. 29f ist es kaum möglich, die Midianiten als Subjekt des Satzes «sie verkauften Josef» V. 28 zu nehmen, oder den Satz «die Midianiten verkauften ihn[164] in Ägypten an Potifar» V. 36 den Sinn «sie verkauften ihn durch die Ismaeliten» zu geben, wie RUDOLPH will. — Die Doppelheit Ruben-Juda ist aber traditionsgeschichtlich zu erklären. Die Joseferzählung ist, wie überhaupt jede echt israelitische Überlieferung, nordisraelitischen Ursprungs, und dass der älteste der Brüder als Leiter auftritt, ist natürlich und selbstverständlich. In der judaisierten Form ist — in Übereinstimmung mit der davidischen «grossisraelitischen» Idée — Juda der Leiter und die sympathische Figur unter den Brüdern geworden; das ist auch natürlich und wohl verständlich. Das ist wohl schon mündliche Überlieferung. Diese ist aber nicht an der «literarischen» Konsequenz interessiert gewesen und hat sich nicht die Mühe gegeben, Ruben überall zu entfernen, was auch nicht notwendig war. So ist in V. 29f ein Rest der älteren, nordisraelitischen Ausformung stehen geblieben. — Eine solche nicht konsequent durchgeführte Modernisierung sind wohl auch die Midianiten statt der älteren Ismaeliten; J mag die Erzählung in beiden Varianten gekannt haben.

Zum traditionsgeschichtlichen Verständnis der Joseferzählung ist übrigens sowohl auf GRESSMANN[165] ältere wie auf v. RADs neuere Behandlung (S. 58) zu verweisen, vährend BO REICKEs Aufsatz[166] nicht so viel abwirft.

### 3.

Es gibt auch andere Fälle in der Genesis, wo die übliche Scheidung zwischen J und E sehr zweifelhaft geworden ist.

Hier ist zu nennen JOHS. PEDERSENs Analyse der Erzählung von den Kunstgriffen Jakobs bei der Paarung des Kleinviehs Gen 30:25–43[167] und der Erzählung von dem Zusammentreffen Jakobs mit Esau Gen 32:4–33:17[168]. In der letzteren hat aber ein traditionsgeschichtlich und theologisch bedingtes Wachsen der Überlieferung stattgefunden; sehr wahrscheinlich ist es, dass J selber in dem Gebet Jakobs zu Worte kommt, wie er es wohl auch in dem traditionsgeschichtlich jüngeren Abschnitt in der Abraham-Lot-Sodoma-Erzählung Gen 18:32b–33 und a. St. tut. — Ferner PEDERSENs Analyse von der Dina-Sichem Sage Gen 34.[169]

Wie von PEDERSEN angedeutet[170] hat das unleugbar Konsequenzen für die ganze *Jakobüberlieferung*.[171] VOLZ lehnt eine Quellenscheidung zwischen J und E in Gen 25:21–34; 27; 28:10–22; 29; 31 und 35 ab, somit in dem ganzen Jakob-Esau-Sagenkranz, und wie es mir scheint, mit Recht.

Man kann nicht immer die Weise billigen, in der VOLZ die exegetischen Schwierigkeiten löst. Seine Erklärungen sind oft mehr harmonistisch als traditionsgeschichtlich orientiert, wie er immer noch zu sehr mit literarischen Kategorien operiert und daher zu oft seine Zuflucht zu der Hypothese von Glossen und literarischen Einschaltungen greift.[172] Die Annahme, dass eine Mischung von Varianten schon auf der mündlichen Stufe stattgefunden haben kann und stattgefunden habe,[173] würde ihm viel unnötigen Scharfsinn gespart haben.

Der Zweifel an die Möglichkeit einer Aufteilung von «JE» in zwei den ganzen Weg parallel laufenden literarischen Grössen und damit auch an die Anwendbarkeit der Methode steigt, wenn man an die nicht wenigen anderen Erzählungen im A. T. denkt, die die Quellenkritik in zwei parallele Quellen hat auflösen wollen, wo aber JOHS. PEDERSEN mit sehr guten Gründen die Einheitlichkeit verteidigt hat, wie etwa Josva 6 und 9[174] oder Ri 9; 12; 19–20.[175]

Wenn dies alles richtig ist, so bleibt in Genesis nicht viel für eine separate Quelle E übrig.

### 4.

Etwas Ähnliches gilt zu einem gewissen Grade auch für die anderen *erzählenden Stücke des Pentateuchs*.

In seiner Behandling von Ex 1–15 schiesst JOHS. PEDERSEN insofern über das Ziel, als er auch den Anteil P's leugnen will. Das lässt sich, wie wir oben (S. 15) gesehen haben, nicht durchführen. Die formelle und ideémässige Analyse des Textes zeigt deutlich zwei Typen und Reihen von «Plagen», die miteinander parallel laufen und jetzt redaktionell zusammengearbeitet sind. Zwei, nicht drei, wie man erwarten könnte, wenn auch ein «E» hier vertreten sein sollte. Nach der Ausscheidung der P-Stücke gibt es keinen Anlass zu einer weiteren Quellenscheidung. Im grossen Ganzen kann man hier RUDOLPHs Analyse des Erzählungskomplexes mitmachen, natürlich mit dem traditionsgeschichtlich selbstverständlichen Vorbehalt, dass ein von vielen ursprünglich selbständigen Erzählungen zusammengesetzter Bericht kaum jemals ohne Inkonzinnizitäten und Nähte hervortreten kann. Einige sekundäre Ausfüllungen finden sich; sie hängen meistens mit der Zusammenarbeitung von J und P zusammen, können somit mit der Sigle R$^{JP}$ bezeichnet werden.

Auch nicht die berümte Stelle Ex 3:11–14 mit der Erklärung des Jahwenamens gibt zu einer Scheidung in parallele Quellen, weder in dem Abschnitt Ex 3–4 noch im Verhältnis zu der von J ausgesprochenen Kenntnis des Namens Gen 4:26, Anlass. In Ex 3:11–14 ist nämlich nicht von der Offenbarung eines bisher unbekannten Namens die Rede — so hat zwar P die Stelle verstanden und darauf seine offenbarungsgeschichtliche Namentheologie gabaut (S. 19ff) —, sondern von der Offenbarung des tieferen Sinnes des schon früher wohlbekannten Namens des «Gottes der Väter».[176] Der Kadesch-Sinai-Gott Jahwe ist schon vor Mose «der Gott der Väter» der Protoisraeliten auf der Sinaihalbinsel gewesen.

Für weitere Einzelperikopen kann auf RUDOLPBS Buch verwiesen werden — was natürlich nicht immer bedingungsloses Einverständnis bedeutet.

B. *Stücke, die eine «Quellenscheidung» fordern.*

Ist nun dies Alles zuzugeben, so muss andererseits mit aller Entschiedenheit behauptet werden, dass es in den nicht-priesterlichen Partien des Pentateuchs Stücke gibt, wo man ohne eine «Quellenscheidung» nicht auskommt. Es lässt sich nicht leugnen, dass in der älteren Frühgeschichte, die dem P vorgelegen hat, Stücke finden, wo der vorliegende Bericht aus zwei parallelen Strängen bzw. Doubletten redaktionell zusammengeflochten worden ist.

1.

Wir fangen mit der Frage nach der Komposition der *Sinaiperikope*, abgesehen von den P-Stücken, zu denen auch der Dekalog 20:1–17 gehört,[177] an.

*a. Ex 34.* Dass Kp. 34 ursprünglich als eine selbstständige Tradition von dem Sinaibundesschluss und auch literarisch als solcher gedacht ist, hat schon WELLHAUSEN bewiesen,[178] und es ist bisher keiner exegetischen oder apologetischen Kunst gelungen, ihn zu widerlegen.[179]

Seit KITTEL und SELLIN, derer Auffassung ich in meinem *Le Décalogue* diskutiert habe, hat sich wieder RUDOLPH um die Kompositionsfrage bemüht und die Erkenntnis der älteren Kritik zu widerlegen versucht. Er will zeigen, dass Kp. 34 — allerdings, das gibt er zu, ohne V. 1b und die Worte «wie die vorigen» in Vv. 1a, 4 — bei J ursprünglich die unmittelbare Fortsetzung von 19:1–25 gebildet hat.[180] Seine Beweisführung ist indessen in der Tat dogmatistisch. Er gibt nämlich zu, dass der Dekalog 20:1–17 an seiner jetzigen Stelle nicht ursprünglich ist, dekretiert dann aber — statt pro ratione voluntas! — dass eben *dieser* Dehalog zu dem ursprünglichen Sinaibericht gehört haben soll und muss. Die Kpp. 32–33 erklärt er für sekundäre Einschübe in J's Sinaibericht und 20:18–21 für ein redaktionelles Bindeglied[181] zwecks Einschaltung des imaginären «Bundesbuches» 21:1–23:19 (sic!). Damit kann er dekretieren, dass die Mitteilung des Dekalogs, die in Kp. 19 noch nicht stattfefunden hat, «somit»(!) in Kp. 34 gestanden haben muss. Er schmeisst daher die Bundesbedingungen in 34:14–27 heraus und setzt dafür 20:1–17 als das vermeintliche Bundesgesetz in den Bericht der älteren Quelle J Ex 19 + 34 hinein.[182] — Die dogmatistische Tendenz ist natürlich, den Dekalog in 20:1ff so früh wie möglich literarisch bezeugt zu finden und ihn so nahe wie möglich an Mose hinauf zu rücken.

Dogmatistisch ist auch RUDOLPHs Ansicht, dass der in Kp 34 tatsächlich stehende kleine Katechismus kein ursprünglicher Bestandteil dieses Kapitels sein könne. Warum? Angeblich, weil er nur ein zufälliges Except aus dem — imaginären! — «Bundesbuch» in Kpp. 21–23, das selbst später in die Perikope eingeschaltet ist, sein soll. In dieser Auffassung von Ex 34 hat er einen Meinungsgenossen in ALT.[183] — Ich kann es nicht anders sehen, als dass RUDOLPH sich hier in einem Zirkel bewegt: 34:10–27 ist «unecht», weil es ein Exzerpt aus dem «Bundesbuch» sei, dazu gemacht, um die Lakune zu füllen, die dadurch entstandt, dass «der Dekalog» von hier nach Kp. 20 versetzt wurde; das «Bundesbuch» ist aber — wenigstens nach der Übersicht bei RUDOLPH, *op. cit.* S. 60f — später als die Versetzung «des Dekalogs» und die sekundäre Ausfüllung von Kp. 34 eingeschaltet worden.

Wir werden unten sehen, dass die Exzerpthypothese unhaltbar und ganz fundamentlos ist. Man sieht auch leicht, dass sowohl RUDOLPH wie früher SELLIN, KITTEL u. a. eigentlich das voraussetzen, was sie beweisen wollen: die Zugehörigkeit «des Dekalogs» zu der ältesten Quelle. Hinter diesen Bestrebungen liegt ein theologischer Wunschtraum. Das Resultat ist entsprechend unrealistisch. RUDOLPHs Aufteilung des Textes in Einschübe und Einschübe in die Einschübe und redaktionelle Nähte hat einer reinlichen Quellenscheidung nichts voraus, im Gegenteil. Auch RUDOLPHs Methode ist rein literarkritisch, der Überlieferung aber und dem gegebenen Text gegenüber weit weniger respektvoll als die Quellenscheidung.

Wie unbefriedigend RUDOLPHs Analyse ist, sieht man auch daraus, dass er nichts Vernünftiges mit 23:20–33 anzufangen weiss. Dieser Abschnitt ist nach ihm «ein Anhang an das Bundesbuch, der nicht Gesetze enthält, sondern Verheissungen und Mahnungen, die eine betimmte historische Situation (nämlich den späteren Aufbruch von Sinai) voraussetzt. Ob das vor oder nach der Einschaltung des imaginären «Bundesbuches» in die Sinaiperikope geschehen sei, sagt RUDOLPH nicht. Die Wertlosigkeit der ganzen Hypothese geht aber aus seinen eigenen Schlussworten hervor: «Warum er (der Anhang) eben hinter das Bundesbuch angehängt worden ist, lässt sich nicht sagen». — Gewiss! Man begreift überhaupt nicht, dass jemand auf einen solchen Gedanken gekommen sein könnte.

Es muss somit dabei bleiben, dass Ex 34 von dem grundlegenden Bundesschluss am Sinai berichten will.[184] D. h., dass Kp. 34 in der Tat eine Parallele — oder genauer: eine Doublette — zu Kp. 19*–23* ist. Dann darf man aber — vorgreifend — gewiss auch sagen: dass Kp. 34 die ältere der beiden Doubletten ist. Zunächst im traditionsgeschichtlichen Sinne. D. h. wenn eine dieser Doubletten den eigentlichen J-Bericht gibt, dann ist es Kp. 34. Dass aber J einen Bericht über den Bundesschluss am Sinai und die damit verbundenen Forderungen Jahwes gegeben hat, wird wohl überhaupt niemand leugnen. — Dieser J-Bericht hat dann ursprünglich gewiss vor Kpp. 32–33, bzw. dem ursprünglichen J-Bestand dieser Kapitel, seinen Platz gehabt. Auf die nähere traditionsgeschichtliche und literarische Analyse dieser beiden Kapitel brauchen wir aber in diesem Zusammenhang nicht einzugehen.

Wenn dem so ist, so sind die paar Satzteile, die die Erzählung als einen Bericht von einer Wiederholung des Bundesschlusses nach der Affaire mit dem goldenen Kalb hinstellen, jedenfalls traditionsgeschichtlich, aber auch literarisch spätere Zusätze. Das gilt von V. 1aβ, b, den Worten «wie die vorigen» in V. 4 und von V. 9. Die Umdeutung hat auch ein paar Umstellungen in Vv. 5–8 mit sich geführt. Vv. 5b, 6aα, 8 setzen ursprünglich 33:31 fort, und sind von dort hineingekommen, als Kp. 34 hinter Kp. 33 gestellt wurde. Die Worte in Vv. 6b–7 sind eine Epiphanieformel, keine Anrufungsformel. So sind sie auch in TM aufgefasst worden: «Und Jahwe rief: Jahwe (ist) ein barmherziger und gnädiger Gott» usw.; wahrscheinlich ist anstelle des ersten der zwei aufeinanderfolgenden *yhwh* ein *'ănî* zu lesen, was noch deutlicher dem Sinne als Offenbarungsformel entspricht. Über diesen Sinn kann im Lichte von etwa Ps 81:7–11 oder Dtn 5:6 kein Zweifel sein. Unter allen Umständen erzählt Kp. 34, dass Jahwe dem Mose Befehl gab, auf den Sinaiberg hinaufzusteigen und zwei steinerne Tafeln mitzubringen. Mose steigt hinauf und ruft Jahwe an, und Jahwe fährt in einer Wolke auf den Berg hinab, stellt sich neben Mose und gibt sich ihm bekannt, eben durch die Epiphanieformel V. 6f: «Ich bin Jahwe, ein gnädiger und barmherziger Gott» usw., und Mose wirft sich huldigend vor ihm zum Boden V. 8. Jahwe fährt fort (V. 10): «Ich schliesse (jetzt) einen Bund mit dir[185] als Vertreter deines ganzen Volkes». Dann folgen die beiden Seiten des Bundes, was Jahwe dem Volke verspricht, und was er von ihm fordert: «*Ich* (meinerseits) werde solche Wunder tun, wie sie auf der ganzen Erde noch nicht geschehen sind, usw. (Vv. 10b, 11b). *Du* (deinerseits, d. h. Israel) sollst alles das beobachten, was ich dir heute gebiete» (V. 11a). Es ist ganz klar, dass wir nun erwarten zu hören, *was* Jahwe «heute gebietet», d. h. die Bundesbedingungen, die grundlegenden Gesetze des Bundes.

Nach der herrschenden kritischen Auffassung findet man diese in Vv. 14a, 17–26, während man in Vv. 11b–13, 15–16 eine «deuteronomisierende» Ausfüllung sieht. — Gegen diese Auffassung hat sich neuestens KOSMALA gewendet.[186] Er findet den Inhalt des Bundes einerseits in Jahwes Versprechen V. 11b und andererseits in seiner Forderung, nichts mit den Eingeborenen und ihrem Gottesdienst zu tun zu haben, sondern Jahwe allein zu verehren Vv. 13–16. «These are the basic and vital terms of the covenant, no more and no less, to be observed by the people of Israel in their impeading conquest of the Promised Land» (*op. cit.* S. 33). In V. 17 sieht er einen späteren Zusatz zu Vv. 14–16, der ursprünglich nichts mit den folgenden Geboten zu tun hat.

Es ist mir nicht möglich, diese Auffassung zu teilen, und ich kann es nicht anders sehen, als dass die herrschende kritische Auffassung im Recht ist. In den Sinaitraditionen ist sonst fast immer ausdrücklich von einer Mehrzahl von Geboten (*dĕbārîm*), die von Israel beachtet werden Sollen, die Rede.[187] Ausdrücklich redet auch unser Bericht von *kol-haddĕbārîm hā'ellæ* 34:27f, und ebenso ausdrücklich sagt hier Jahwe, dass er «auf Grund von diesen Worten» mit Mose und Israel den Bund schliesst, *ki ɛal-pi had-dĕbârim hâ'ellæ kâratti 'ittĕkâ bĕrit wĕ'et-yiśrâ'el,* und dass Mose die Bundes-*dĕbârim* aufschrieb. Dass *dĕbârim* hier sachlich «Gebote» bedeutet, und dass es sich hier um eine Mehrheit von Geboten handelt, daran hat jedenfalls der Glossator, der *ɛaśæræt haddĕbârim* in 34:28 hinzufügte (S. 46), nicht gezweifelt.[188]

Man wird wohl auch nicht bezweifeln, dass an allen den hier genannten Stellen die *dĕbârim* nicht die einzelnen «Wörter», aus der eine Rede zusammengesetzt ist, bezeichnet, sondern dass das Wort als ein Synonym zu *miṣwot,* Geboten, gemeint ist. Es liegt kein Recht und kein Grund vor, das Wort anders in Ex 34 zu verstehen. — Zu diesem Terminus passt aber der allerdings viele «Wörter» enthaltende, aber nur aus einem einzelnen Gebot bestehende Befehl in Vv. 11b–13, 15–16 sehr schlecht. Das einzige Gebot, von dem diese Verse reden, ist das Verbot, mit der eingeborenen Bevölkerung Kanaans irgendwelchen *bĕrit* zu schliessen. Alle anderen dort genannten Einzelheiten sind nur Konkretizierungen und Exemplifizierungen dieses einen Gebotes. Dass ein Bund unter Umständen auch Teilnahme an den kultischen Veranstaltungen des Bundesgenossen einschliesst, wusste jeder Israelit, insofern ist der ganze Inhalt der genannten Verse nur eine Explizierung von dem Gebot in V. 14, von dem Alleinrecht Jahwes auf die Verehrung Israels. Die Zerstörung der Altäre und Kultsymbole der Kannanäer ist nur die notwendige Abwehrkonsequenz dieses Rechts. Dasselbe gilt von der Teilnahme an Opfermahlen und Opferfesten, die zu kultischer Unzucht verführen wird; aus demselben Grunde kann auch Connubium nicht in Betracht kommen. Es handelt sich hier nur um eine Sache, die an mehreren denkbaren Fällen exemplifiziert wird. Von einer Mehrzahl von Geboten — *dĕbârim* — kann man hier nicht reden.

Nun ist auch zu beachten, dass V. 15a nur das wiederholt, was in V. 13 schon gesagt ist, nur ist die Exemplizierung in V. 13, bzw. V. 15b, eine verschiedene. Sowohl Vv. 11b–13 als 15–16 treten sachlich und formal als nähere Explizierungen von dem wirklichen Gebot in V. 14 auf. Das deutet doch sehr bestimmt darauf hin, dass beide diese Explizierungen später hinzugefügt sind, und zwar nicht gleichzeitig, denn in diesem Falle würde wohl der Ergänzer sie uno tenore geschrieben haben und nicht die erste vor, die zweite hinter V. 14 gestellt haben. Der Ergänzer Nr. 2 hat die Explizierung in V. 12f als nicht genügend empfunden und daher V. 15f hinter V. 14 hinzugefügt. Es muss auch zugegeben werden, dass V. 13 eigentlich V. 14 vorgreift. Einen solchen explizierenden Charakter hat in der Tat auch V. 11b; was dort steht, ist eigentlich in V. 10b implicite gesagt; die unerhörten Wunder, die Jahwe tun will, bestehen eben nicht nur in der Führung durch die Wüste, sondern noch mehr in der Vernichtung der Eingeborenen vor Israel. — Als eine Einleitung, allerdings eine ungeschickt angebrachte, könnte man sich die Vv. 11b–13,15–16 zur Not gefallen lassen, nie aber als den ganzen Inhalt des Bundesschlusses mit seinen *dĕbārim*.

Ferner fällt auf, dass der ganze Inhalt von Vv. 12–13,15–16 so zu sagen Wort für Wort mit Dtn 7:1–8 stimmt und eine charakteristisch deuteronomistische Idée ausdrückt.[189] Gewiss haben die Einwanderer manchmal kanaanäische Altäre zerstört, um auf der alten Stelle einen Jahwealtar aufzubauen, vgl. Ri 6:23–32; sie haben aber ebenso sicher manchmal auch die alten Kultstätten mit Altar, Masseben und Ascheren einfach übernommen und den Kult daselbst allmählich jahwisiert. Die prinzipielle Feindschaft gegen jene Kulteinrichtungen ist ein Charakteristikum des D und der deuteronomistischen Bewegung. Abgesehen aber von den Vv. 11b–13,15–16 hat der Bericht in Ex 34 ein sehr altertümliches Gepräge. Man beachte z. B., dass Jahwe auf den Berg herabfährt und sich «neben Mose» stellt V. 5a, oder dass der Bund nicht mit dem Volke, sondern *nægæd kol ɛammĕkā*, was doch bedeuten muss: mit Mose als Vertreter des Volkes, geschlossen wird V. 10; insofern ist das von G[BL] vorausgesetzte *lĕkā* hinter *'ānoki koret* sachlich korrekt, vielleicht auch ursprünglich. Sonst ist «Israel» der Bundesgenosse.

Es kann somit m. A. n. kein Zweifel sein, dass in der ursprünglichen Form von Kp. 34 V. 11b unmittelbar von V. 14 — dann natürlich ohne das einleitende *ki*, das mit der Einschaltung von Vv. 11b–13 zusammenhängt — fortgesetzt wurde, und dass ursprünglich Vv. 17ff auf V. 14 folgten. Hier hören wir dann, was nach V. 11a unbedingt erwartet werden muss: *was* Jahwe «heute gebietet». D. h. eben die der Verheissung in 10b entsprechenden Verpflichtungen des Volkes, die grundlegenden Bundesgebote. Diese werden in Vv.

14,17–26 mitgeteilt. Danach wird erzählt, dass Mose den Befehl erhält, «diese děbârim aufzuschreiben», «denn auf Grund dieser Worte — wörtlich: in Übereinstimmung (εal–pi) mit diesen Worten — schliesse ich jetzt einen Bund mit dir und mit Israel» (V. 27).[190] Mose bleibt 40 Tage «bei Jahwe» auf dem Berge und schreibt die Bundes-děbârim auf die Tafeln (V. 28).

Mehr organisch können die Gebote überhaupt nicht mit der Erzählung verbunden worden sein, als es hier getan ist. Dass Kp. 34 mit Gedanke auf eine solche Sammlung von Geboten konzipiert und geformt und ohne eine solche nicht gedacht werden kann, wird auch von RUDOLPH zugegeben, wenn er Vv. 10–27 mit «dem Dekalog» 20:1–17 ersetzen will.

Das bedeutet nun in der Tat, dass für die Tradenten der Erzählung in Kp. 34 und für den Verfasser, der ihr ihre überlieferte Form[191] gab, eben die Gebote in 10–27 *die* Sinaibundesgebote, die grundlegenden Forderungen Jahwes enthaltend, waren. COPPENS fragt[192] triumphierend: «Kann man sich wirklich mit Ex 34:10–26 begnügen, um dort das jahwistische Gesetz zu finden, das man nach der Wellhausenschen Theorie braucht?» Es kommt aber nicht darauf an, was irgend eine Theorie braucht, oder was eine christliche Theologie hier gern sehen möchte, sondern lediglich darauf, was der Text sagt. Hinter COPPENSs Frage liegt die vorausgesetzte Theorie, dass das jahwistische (Grund)gesetz etwas viel Grossartigeres als Ex 34:10–26 sowohl in der Wirklichkeit wie beim Jahwisten gewesen sein müsse, und dass auch «die Wellhausensche Theorie» diese Forderung stellen muss. — Das ist dogmatistische Geschichtsforschung. Der Verfasser von Ex hat die Gebote in Vv. 10–26 für wichtig genung gehalten, um als *die* Sinaigebote zu gelten. Nichts in dem Text deutet darauf hin, dass jemals irgendwelche andere Gebote dort gestanden haben, und «den (wirklichen) Dekalog» 20:1–17 an Stelle von Vv. 10–27 einsetzen zu wollen, ist reine Willkür.

Schon seit GOETHE und WELLHAUSEN haben bekanntlich die kritischen Forscher immer wieder in 34:10–26 einen Dekalog finden wollen. Der überlieferte Text enthält 13 Gebote, und zahlreich sind die Vorschläge zu Streichungen und Umstellungen, die gemacht worden sind, um 10 aus den 13 herauszudestillieren.[193] Es muss zugegeben werden, dass das Allermeiste davon unbewiesene Vermutungen und willkürliche Behauptungen sind.[194] Dennoch bin ich unbescheiden genung, eine Ausnahme zu machen, nämlich meinen eigenen in *Le Décalogue* S. 22ff begründeten Vorschlag. Der geht von der Beobachtung aus, dass die 3 speziellen Festgebote (die Nummer 3, 7, 8) Vv. 18, 22a und 22b nicht gesammelt dort stehen, wo man sie erwarten sollte, nämlich hinter dem allgemeinen Gebot von der Feierung der drei jährlichen Feste V. 23,[195] sondern derartig unter die anderen gestreut, dass es nicht möglich ist, eine geordnete Disposition der Gebote zu finden. Nimmt man nun an, dass die drei speziellen Festgebote spätere, wenn auch sehr alte und sachlich richtige Zusätze sind, so erhält man als ursprüngliche Form — NB! ich sage nicht «Text»! — folgende Disposition: a) grundlegende religiöse Verbote gegen Verehrung fremder Götter und gemachter Kultbilder (Nr. 1–2); b) Gebote über besondere Opfergaben: die Erstgeburt (Nr. 4) und eine Gabe bei jedem Tempelbesuch (Nr. 5); c) von dem Sabbat und den Jahresfesten (Nr. 6 und 9); d) spezielle Kultvorschriften (Nr. 10, 11, 12, 13).[196]

Wie ALT und andere vor ihm will RUDOLPH, wie oben erwähnt, in 34:10–26 ein sekundäres Exzerpt aus den Geboten in 22:28–23,19 sehen, dazu gemacht, um die Lakune auszufüllen, die durch die behauptete Versetzung «des Dekalogs» (20:1–17) von Kp. 34 nach Kp. 20 entstanden sei. — Es ist richtig, dass sämtliche 13 Gebote in Kp. 34 auch in 22:28ff zu finden sind. Man begreift aber nicht, wozu eine solche Ausfüllung notwendig oder erwünscht sein sollte, und RUDOLPH gibt zu, dass er es auch nicht eigentlich erklären kann. Wenn der Redaktor oder Bearbeiter, mit dem auch RUDOLPH rechnet, «den Dekalog» von Kp. 34 nach Kp. 20 versetzt hätte, und Kp. 34 als eine Erneuerung des in Kp. 19\*–24\* geschlossenen Bundes aufgefasst haben wollte, so genügte es vollständig, wenn er 34:1b und «wie die beiden vorigen» V. 4 hinzugefügt hätte. Und wenn er es als notwendig empfunden hätte, einige der wichtigsten Gebote in Kpp. 20–23 bei der Wiederholung ausdrücklich zu unterstreichen, begreift man noch weniger, warum er die 13 in Kp. 34 ausgewählt hätte, die ihm doch weniger wichtig als 20:1–17 und Vieles in 22:28ff erscheinen mussten. Derselbe Redaktor, der Kp. 34 zu einer Erneuerung des Bundes umstempelte, hat gegebenenfalls in dem in Kp. 32f Erzählten den Grund der Notwendigkeit der Erneuerung gesehen;

warum hat er sich dann nicht damit begnügt, eben die Gebote, die das Volk in Kp. 32f übertreten hatte, besonders einzuschärfen? Wenn trotzdem die Gebote in 34:10–26 dort stehen, so ist der Grund nicht der dass der Redaktor irgendwelche Notwendigkeit gefühlt hätte, irgendetwas Fremdes dort hineinzusetzen, sondern weil sie dort standen und er sich gebunden gefühlt hat, das Überlieferte stehen zu lassen. Dass er einen geringeren Dekalog für Kp. 34 sich herausexzerpiert hätte, wenn er den ihm richtig dünkenden «eigentlichen» Dekalog in Kp. 20 geboten hätte, ist eine seltsame Annahme.[197]

Es gibt aber einen entscheidenden Beweis gegen die Exzerpttheorie: die Gebote in Kp. 34 sind literarisch nicht von denen in 22:28ff abhängig, was sie doch sein müssten, wenn der Redaktor diesen Abschnitt exzerpiert hätte.[198] Das geht daraus hervor, dass die beiden Formulierungen je verschiedene Worte für das Wochen- und das Herbstfest benutzen: in 34:22 ḥag šĕbuʿot und ḥag hāʾāsif tĕqufat haš-šānā, in 23:13 ḥag haqqāṣir und ḥag hāʾāsif bĕṣet haš-šānā. Dazu kommt, dass die Gebote in Kp. 34 eine von der in 22:28ff zum Teil recht abweichende Reihenfolge hat. Von einem Exzerptor sollte man am ehesten erwarten, dass er die von ihm ausgewählten Gebote in der Reihenfolge der Vorlage gebracht hätte. Wir haben es hier mit Überlieferungsvarianten, nicht mit Abschriften zu tun.

Dass die 13 (10) Gebote in Ex 34 nicht von dem Verfasser des Kapitels für diesen Zusammenhang geschaffen sind, darüber herrscht wohl heute Einstimmigkeit. Die geschichtliche Tradition und die Gesetzestraditionen haben ursprünglich ihr Leben unabhängig von einander gelebt und je ihren verschiedenen «Sitz im Leben» gehabt. Auf zwei Punkten hat sich aber eine Verbindung kleiner Sammlungen von fundamentalen Geboten und dem Kulte entwickelt. Gewisse Grundforderungen zum Zutritt zum Heiligtum und Teilnahme an dem Kulte und dem «Segen» desselben sind als «Zutritts-tôrot» den Pilgern verkündet worden, wie es sich noch in Ps 24 und 15 spiegelt. Und mit dem Jahresfeste und der Vorstellung von der Epiphanie Jahwes hat sich die Vorstellung von der Erneuerung des Bundes und der Proklamierung der als Grundgebote geltenden Forderungen Jahwes verbunden, wie Ps 81 es spiegelt.[199] In beiden Fällen scheint die Deka- oder Dodekalogform bevorzugt worden zu sein. Im Bundeserneuerungsfeste tritt aber die Willensverkündigung in Verbindung mit den geschichtlichen Traditionen, den Exodus- und den Sinaitraditionen auf. Die Sammlung von Grundgeboten in Ex 34 hat ihre eigene selbständige Existenz gehabt. Sie fügt sich in eine Reihe von Dekalogen (und Dodekalogen) ein, die eine eigene Gattung mit ihrem eigenen «Sitz im Leben», dem Bundeserneuerungsfest, gebildet haben. Wie in der Spiegelung des Festrituals in Ps 81 das einzige Gebot, nur Jahwe zu dienen, ausdrücklich unterstrichen wird, so fängt auch der Dekalog in Ex 34 mit diesem Gebot an. — Es hat eine «Gattung» der Dekaloge, bezw. Dodekaloge gegeben, und sowohl stilistisch wie inhaltlich und bezüglich des «Sitzes im Leben» kann man von einer «dekalogischen Tradition» sprechen.[200]

So enthält Kp. 34 in der Tat alle diejenigen Momente, die für einen Bericht über den Bundesschluss notwendig sind, eben die Momente, die den wesentlichen Inhalt des Bundeserneuerungsfestes ausgemacht haben. Kp. 34 ist die mythische Spiegelung dieses Festes, die «Urbundesstiftung». Was fehlt ist nur die Bundesstiftungszeremonie, den Abschluss, und diesen finden wir in Kp. 24.

b. Wie schon erwähnt, will RUDOLPH Kp. 19 zu einer brauchbaren Einleitung zu Kp. 34 (+ dem Dekalog 20:1–17) reduzieren.

Dazu ist nun erstens zu sagen, dass Kp. 34 eine solche Einleitung nicht nötig hat. Dass Jahwe nach der Ankunft der Israeliten den Mose zu sich auf den Berg hinaufruft und sich ihm unter seinem Namen offenbart, das ist Einleitung genug.

Kp. 19 ist allerdings eine Einleitung zu einem Bericht über die Bundesschlussung, nicht aber zu demjenigen in Kp. 34.

Mit dieser Behauptung stehen wir von der Aufgabe einer *Analyse von Kpp. 19–23 (24)*.

Die erste Frage, die sich hier meldet, ist die nach der Zugehörigkeit des *Dekalogs 20:1–17* in diesem Zusammenhang. Dass er jetzt nicht an seiner ursprünglichen Stelle steht und den sowohl sachlichen wie literarischen Zusammenhang zwischen 19:19ff und 20:18ff unterbricht, lässt sich mit der grösstmöglichen Wahrscheinlichkeit beweisen. Dass geht aus einer näheren Betrachtung von Kp. 19 hervor. Auch wenn man hier mit dem Text, wie er jetzt ist, operiert, und davon absieht, dass die Überlieferung hier infolge von Doublierungen der Motive und retardierenden Momenten angeschwollen ist, so ist es jedenfalls ganz klar, dass es sich in Kp. 19 um eine Vorbereitung für die Theophanie und die Mitteilung der Bundesgebote handelt. Das Volk steht unten am Berge aufgestellt, Jahwe steigt (vom Himmel) auf den Berg herunter in Feuer und Rauch (Vv. 16–19a); Mose spricht (V. 19b). Wenn der Text hier nicht mitteilt, *was* Mose sprach, so ist das natürlich, weil der Berichter es für aus dem Kontext selbstverständlich hält. Dann kann es eben nur bedeuten, dass er das Wort ergreift, um zu melden, dass alle rituelle Vorbereitungen, die Jahwe schon vorher geboten hat, jetzt getroffen sind und das Volk am Platze ist, und dass es nun bereit ist, die Befehle Gottes zu hören. Ganz logisch heisst es denn weiter: Gott «antwortete ihm im Getöse (*bĕqol*)» V. 19b. *Was* Gott antwortet wird in V. 20a gesagt: er gebietet Mose, zu ihm auf den höchsten Gipfel des Berges hinaufzusteigen, was Mose auch tut V. 20b. Die Schilderung in Vv. 18–19 will das Numinose der Theophanie ausdrücken. Es liegt wohl aber auch eine Nebenabsicht in der Ausmahlung, indem V. 19b auf V. 9 zurückweist: das Volk soll hören, dass Jahwe zu Mose spricht, damit es wissen soll, dass es eben Jahwe ist, der zu ihm redet, und ihn dadurch als seinen Vertrauensmann und Mittler, seinen «Gesandten» bestätigt und beglaubigt. Insofern hat RUDOLPH Recht, wenn er sagt, dass die Absicht der Theophanie ist, «Mose als Jahwes Vertrauensmann zu bestätigen», nur dass RUDOLPH sich irrt, wenn er das für die Absicht der ganzen Theophanie hält; es ist nur die Absicht der einzelnen Szene in V. 19. — Wir sind somit immer noch bei den Vorbereitungen zu dem eigentlichen Zweck der ganzen Theophanie; noch hat Jahwe nicht angefangen, das mitzuteilen, was die Pointe des Ganzen ist: die Mitteilung der Bundesbedingungen und Gebote. In dem überlieferten Text folgt allerdings jetzt ein retardierendes Motiv Vv. 21–25, das nichts Neues hinzufügt, nur die in Vv. 12–13a gegebenen Warnungen wiederholt und einschärft. RUDOLPH will V. 20 vor V. 19 versetzen und V. 25 danach folgen lassen und sieht in Vv. 21–24 einen sekundären Zusatz. Einfacher und einleuchtender scheint es mir zu sein, das ganze Stück Vv. 21–25 als sekundär zu betrachten. Das ist in der Tat eine nebensächliche Frage; die Vv. 21–25 sind jedenfalls nur ein retardierendes Moment; nach V. 25 steht der Bericht genau auf demselben Punkte wie in V. 20. Absicht der Episode ist die Erhöhung der Spannung und die Einschärfung des «Numinosen» und Abstandsetzenden des Erscheinens Gottes auch in der Stunde des Bundesschlusses. Ob dann dieses rerardierende Moment «ursprünglich» oder erst im Laufe der Überlieferung, bzw. der literarischen Bearbeitung, hinzugekommen sei, mag auf sich beruhen. Tatsache ist jedenfalls, dass in V. 25 die Handlung genau auf dem selben Punkte wie in V. 19 steht: das Volk und Mose stehen unter dem Berge, Jahwe ist da oben und hat sein Kommen angezeigt und Mose zu sich auf den Berg hinaufgerufen.

Nun konnte die Hauptsache, die Mitteilung der Bundesbedingungen folgen, und das tut sie scheinbar in V. 20:1 ff. Aber nur scheinbar. Denn in 20:18 steht die Schilderung genau dort, wo sie in 19:19 stand. — Wie wir sahen, will die Scene in V. (9 und) 19 den Gedanken: Mose der autorisierte Bevollmächtigte Gottes, ausdrücklich unterstreichen. Das kann aber nicht lediglich als eine theologische Wahrheit gemeint sein, sondern muss etwas in Verbindung mit eben *dieser* Theophamie Stehendes aussagen: dem Mose, nicht direkt dem Volke in peleno, werden die Bundesgebote mitgeteilt. Diese Hervorhebung der Person des Mose bedarf aber einer Fortsetzung, welche zeigt, dass die Absicht auch erreicht worden ist: das Volk hat wirklich verstanden, dass Mose hier als Gottes Bevollmächtigter auftritt, und wie es sich daher in dieser konkreten Situation zu verhalten hat. — Das ist es auch, was mit reinen Worten in 20:18–21 gesagt wird. Diese Verse sind die direkte logische und notwendige Fortsetzung von 19:19 (bzw. 19:25). Das Volk hat verstanden, dass es einen berufenen, geweihten Mittler vor Gott braucht. Selbst muss es sich mit Furcht und Beben in Abstand halten; vor dem Gesicht des erhabenen und furchtbaren Gottes wagt es nicht, selbst zu stehen. Diese richtige religiöse, demütige und ehrfurchtsvolle Einstellung wird dann auch von Mose anerkannt. So kann er auch das Volk trösten: «Fürchtet euch nicht!» Gott hat eure richtige Haltung gesehen, bleibt nur dabei und haltet euch fern von Sünde! V. 20. Mit diesen Worten hat Mose die Aufgabe als Mittler übernommen. Nun können die Bundesworte mitgeteilt werden.

Damit ist aber auch gegeben, dass nach dem «ursprünglichen» Plan des «JE»-Berichts[201] keine öffentliche Mitteilung der Bundesgebote vor 20:18–21 stattgefunden haben kann. Die Worte des Volkes: «Rede du zu uns, so wollen wir hören, Gott soll nicht zu uns reden, damit wir nicht sterben», haben hinter 20:1–17, nachdem das schon geredet war, was geredet werden sollte, keinen Sinn; sie zeigen ganz deutlich, dass eine längere Rede Gottes wie die in 20:1–17 weder vor 20:18–21 noch hinter 19:19 (bzw. 19:25) gestanden haben kann.[202] Die Bundesbedingungen werden dem Mose, nicht direkt dem Volke mitgeteilt. — Zu diesem Ergebnis kommt in der Tat RUDOLPH, indem er Kp. 19 nach 20:18–21 deutet und darauf hinweist, dass es aus Kp. 24 hervorgeht, dass der «Dekalog» (richtiger sollte es «die Bundesbedingungen» heissen) nach dem auch in Kp. 19 redenden Verfasser zunächst dem Mose kundgegeben wurden, und dass er sie nacher dem Volke mitteilte, «so dass von einer direkten Mitteilung as das Volk nicht die Rede sein kann» (op. cit. S. 45).

Dass der Dekalog von 20:1–17 nicht in der «JE»-Komposition Ex 19–24; 32–34 gestanden haben kann, wird auch von einer anderen Überlegung bestätigt. Wie man auch die Vorlagen und Quellen dieses Abschnittes auffasst, so ist es jedenfalls sicher, dass der «Redaktor» Kp. 34 als eine Erneuerung des bei der Sünde mit dem goldenen Kalb gebrochenen Bundes verstanden haben will. Damit ist es auch gegeben, dass es nach seiner Meinung eben die wichtigsten der Bundesgebote sind, die auch bei der Erneuerung eingeschärft werden. Zu dieser Auffassung von Ex 34 hätte er nicht kommen können, wenn Ex 20:1–17 schon in dem ihm vorliegenden Bericht von dem eigentlichen Bundesschluss in 19*–24* gestanden hätte. Dann hätte er zu einer anderen Auffassung von Kp. 34 kommen oder dies mehr in Übereinstimmung mit 20:1–17 bringen müssen. In dem dem R$^{JP}$ vorliegenden älteren Sagawerke hat 20:1–17 nicht gestanden.

Es gibt auch ein zweites indirektes Zeugnis davon, dass der Dekalog in Ex 20, der sich auch in Dtn 5 findet, nicht die Bundesgrundlage in der vordeuteronomistischen Sinaiperikope («JE») gewesen sein kann. In Dtn 5:22f versichert der Verfasser oder Redaktor, der den Dekalog hier anbrachte, sei es der Gesetzgeber in D, sei es der Verfasser der deuteronomistischen Saga, dass diese 10 Worte das Einzige war, das Jahwe am Sinai verkündete. Diese Aussage hat offenbar eine polemische Spitze, nämlich gegen andere versierende (ältere) Überlieferungen, die andere Komplexe von Geboten als Sinaibundesgebote hatten. Das «nur» — 'ak — ist in diesem Zusammenhange ebenso «verräterisch» (GRESSMANN) wie das 'ak in 1 Kg 8:9, wo versichert wird, dass die Lade nichts anderes, «nur» die beiden Gesetzestafeln enthalten habe; es ist in der Tat sicher, dass sie nach älteren Traditionen etwas anderes enthalten hat.

Der Dekalog in 20:1-17 ist, wie wir oben (S. 36f) gesehen haben, die Bundesgrundlage nach P. Er ist an seinen jetzigen Platz erst von R$^{JP}$ hineingesetzt worden. Wie auch oben bemerkt, haben mehrere Forscher *diesen* Dekalog auch als ursprünglichen Text von Kp. 34 interpolieren wollen. Das ist reine Willkür, bei der der Wunsch der Vater des Gedanken gewesen ist. In der Tat ist der Deuteronomist der erste uns bekannte Verfasser, der in *diesem* Dekalog (in deuteronomistischer Redaktion) die Sinaibundesgrundlage gesehen hat. Die «Tradition» mag wohl etwas älter sein, schon bei Hoshea (4:2) könnten Anspielungen auf diesen Dekalog vorliegen; bezeugt ist er aber erstmalig in Dtn 5.

c. Etwas, das auch nach der Entfernung der P-Stücke die Analyse von Ex 19-24 kompliziert, ist *die mit der neuen Überschrift in 21:1 anfangende Gesetzessammlung*. Dass diese Sammlung von «bürgerlichen» Gesetzen, die in ihrer Hauptmasse keine spezifisch religiöse Aspekte aufweist, einmal ein selbständiges traditionsgeschichtliches und literarisches Korpus gebildet hat, darüber herrscht wohl jetzt Einigkeit unter den Forschern.

Fast ausnahmslos haben sie hier von dem «Bundesbuch» geredet, ein Name, der aus Ex 24:7 geholt ist, der aber hier, wie unten zu zeigen ist, etwas ganz anderes bezeichnet. Trotz der klaren Überschrift in 21:1 haben aber viele Forscher von dem «Bundesbuch 20:22-23:33» geredet.[203] Davon kann es in der Tat keine Rede sein. Das verbietet nicht nur die Überschrift, sondern auch die formale und sachliche Analyse des jetzt vorliegenden Komplexes. Die schwierige Frage ist, wo die Sammlung endet. Jedenfalls nicht erst in 23:33. Mit einem auf «eine bestimmte geschichtliche Situation» zielenden Abschnitt mit Verheissungen und Mahnungen (RUDOLPH) schliesst normalerweise kein bürgerliches Gesetzbuch. Es gehört zu den unbegreiflichen Dingen der Wissenschaftsgeschichte, dass so viele Forscher nicht gesehen haben, dass 23:20-33 nichts mit ihrem «Bundesbuche» zu tun hat. Dieses Stück bezieht sich so deutlich wie nur möglich auf die geschichtliche einmalige Situation des Sinaierlebnisses und ist ein integrierender Teil des Berichts des Erzählers (Verfassers, «JE») von den damaligen Ereignissen. Die Frage nach dem Abschluss der Mischpat-Sammlung kann nur mit form- und traditionsgeschichtlichen Mitteln gelöst werden. Das Richtige hat in der Tat schon BAENTSCH gesehen.[204] Er unterscheidet zwischen den «bürgerlichen» Gesetzen, *mišpāṭim* und den «Horeb-*dĕbārim*». Diese Unterscheidung ist von ALT von form- und traditionsgeschichtlichem Gesichtspunkt heraus vollauf bestätigt worden.[205] Die mit 20:1 anfangende Sammlung besteht aus typischen *mišpāṭim*, «Rechtsentscheindungen», Rechtsregeln, Gesetzesparagraphen[206] in dem typischen gemeinorientalischen juristischen Stil, der den Ursprung der Gattung in der Entscheidung von konkreten Gerichtsfällen zeigt. Dieser Abschnitt reicht bis 22:16. Mit 22:17 fängt ein Abschnitt an, der sowohl stilistisch wie inhaltlich eine Mischung von *mišpāṭ* und der «apodiktischen» kultisch-religiös-moralischen *tôrā* «du sollst, bzw. sollst nicht», aufweist.[207] Spätestens von 22:28 ab folgt eine Reihe von reinen *tôrot*.

Nun konnte man sich recht wohl vorstellen, dass eine alte *mišpaṭ*-Sammlung später einen Anhang in dem typisch israelitischen sakralen *tôrā*-Stil und entsprechenden Inhalts erhalten habe. Wenn das der Fall wäre, so würde das in Ex 21ff eingeschaltete Gesetzbuch bis 23:19 reichen. Wenn man von einem selbständigen «Bundesbuch» redet, so sollte man darunter den Komplex 21:1–23:19 verstehen. Mit 23:20ff befinden wir uns in einer ganz anderen Situation als in der Allgemeingültigkeit und «Zeitlosigkeit» eines Gesetzbuches. 23:20–33 bezieht sich so deutlich wie nur möglich auf die Situation von Kp. 19 und 24, den Bericht von dem Bundesschluss am Sinai.

Aber auch jene Abgrenzung des «Bundesbuches» — sprich: der Mischpatsammlung — wäre falsch. Denn nicht nur wird es spätestens in 22:28 von einer Reihe von *tôrot* fortgesetzt; schon vor 21:1, in 20:22–26 haben wir eine Reihe von ähnlichem Inhalt wie in 22:28ff. Das Mischpatbuch liegt in dem jetzigen Zusammenhang in einer Einrahmung von *tôrot* vor, und diese beziehen sich alle auf den Sinaibundesschluss, d. h. auf den Inhalt von Kpp. 19 u. 24. Wenn nun darüber mit Recht Einigkeit besteht, dass das mit 21:1 anfangende Mischpatbuch ursprünglich ein selbstständiges Gesetzeskorpus ist, so ist die einzige vernünftige Folgerung aus den festgestellten Tatsachen, dass das an sich alte Buch später in einen schon bestehenden, auch die Bundesgesetze einschliessenden Bericht über den Sinaibundesschluss eingeschaltet worden ist. Eine mögliche Variante dieser Erklärung wäre, dass es der Verfasser jenes Berichtes selber ist, der das Mischpatbuch aufgenommen und in seinen Bericht eingeschaltet habe. Das ist aber sehr unwahrscheinlich; denn warum hat er dann nicht für eine bessere formale Ordnung gesorgt und dabei auch 21:1 ff mit der Überschrift 21:1 den Anfang des ganzen legislatorischen Komplexes bilden lassen? Literargeschichtlich würde auch dann die Sache dieselbe bleiben.

Wenn die Sache sich so verhält, so lässt sich auch die Frage nach dem Ende des Mischpatbuches und der Wiederaufnahme der «Debarim» — um BAENTSCHs Ausdruck zu benutzen — vielleicht leichter beantworten, wenn sie aber auch an Bedeutung verliert. Die wahrscheinlichste Lösung ist dann, dass der stilistisch gemischte, inhaltlich aber vorwiegend zivil- und strafrechtliche Abschnitt 22:17-27 einen Anhang, eine Reihe von Novellen, an das Mischpatbuch bildet,[208] und dass die schon mit 20:22-26 angefangene Reihe von Sinaidebarim (spätestens) mit 22:28 fortgesetzt wird.

Das Mischpatbuch hat an sich nichts mit dem Sinaibundesschluss zu tun und deutet nirgends auf denselben hin.[209] Ein «Bundesbuch» in dem Sinne der Mehrzahl der Forscher hat es nie gegeben, und die vieldiskutierte Frage nach dem «ursprünglichen» Platz derselben innerhalb des Buches des E[210] ist sinnlos. Auch der Name «Bundesbuch» als Bezeichnung von 21:1ff ist falsch: der so übersetzte Ausdruck in 24:7 bezieht sich, wie wir unten sehen werden, auf eine ganz andere Grösse. Das mit 21:1 anfangende Gesetzbuch nennt man am besten «die Mischpatsammlung» und bezeichnet es mit der Single M.[211]

Bei der literarischen Analyse von Ex 19-24 dürfen wir somit von M 21:1-22:27 absehen.

d. Für den in Kp. 19:2 anfangenden Bericht bleiben somit die Abschnitte 19:2-25;[212] 20:18-26; 22:28-23:33 und (Stücke von) Kp. 24.

Dass Kpp. 19*-24* einen abgrundeten Bericht von dem Sinaibundesschluss bilden, ist eigentlich nie bezweifelt worden, und es wäre auch unnötig, dies beweisen zu wollen, wenn RUDOLPH nicht Kp. 19 zu einer Einleitung zu Kp. 34 hat reduzieren und den Rest von Kp. 20:18–23:33 dem imaginären «Bundesbuch» überweisen wollen. Nach der Ausscheidung des «Rechtsbuches» M ist das nicht mehr möglich. Kp. 19 erhält in 20:18ff seine logische und literarische Fortsetzung, und diese läuft sachlich und logisch weiter in 22:28–23:33, bis sie in Kp. 24 hinausmündet.

Was wir hier vor uns haben, ist ein in der Hauptsache vollständiger, d. h. alle nötigen Momente enthaltender Bericht über den Sinaibundesschluss: 19:2–15 die Vorbereitungen, 19:16–19 die Theophanie, 20:22–23:19 die Bundesgebote, 23:20–33 die entsprechenden Verheissungen und Mahnungen zur Bundestreue, Kp. 24 der feierliche Bundesschluss. Hier finden sich, wie wir unten näher nachweisen wollen, alle dieselben Momente, wenn auch nicht immer in der selben Reihenfolge, wie in Kp. 34.

Zwar ist zuzugeben, dass Kp. 19 mit seinem wiederholten Hinauf- und Herablaufen und seinen retardierenden Motiven einen überfüllten und gelegentlich unklaren Eindruck macht und den Verdacht an späteren Ausfüllungen erweckt. Besonders ist der Abschnitt 19:21–25 zu beanstanden (s. oben S. 75 f.); es fällt auf, dass 19:20b «und Mose stieg hinauf» den Satz 20:21 vorgreift, und dass 20:18 an 19:20a anschliesst. So ist es sehr wahrscheinlich, dass 19:20b–25 ein später «aufgesetztes Licht», kein echtes Stück eines Parallelberichtes ist. Die Überfülltheit warnt uns aber davon, dass wir auch die Möglichkeit in der Hinterhand behalten müssen, dass sich Spuren eines solchen Parallelberichts in Kp. 19 finden können. Wie dem auch sei, so ist es nicht schwer zu sehen, dass Kp. 19 — oder genauer: der ursprüngliche Bestand des Kapitels — auf eine Mitteilung von dem Bundesschluss zielt. Das wird schon in V. 5 mit reinen Worten angedeutet, s. *bĕriti*. Es ist aber auch deutlich, dass von den Bedingungen des Bundesschlusses, d. h. von den Bundesgesetzen, erzählt werden soll. Jahwe spricht vom «Hören meiner Stimme», d. h. meiner Befehle, und «Beobachten meines Bundes» (*bĕriti*). Das, wozu das Volk sich heiligen und bereit halten und am dritten Tage erleben soll, ist nicht nur das Schauen einer Ehrfurcht einflössenden Theophanie, sondern vor allem um Worte zu hören, die es in der kommenden Zeit beobachten soll. Das Volk bittet Mose, die Worte zu empfangen und ihm mitzuteilen, die Gott zu ihnen «reden» will (20:19). — Kp. 19;

20:18–21 ist in der Absicht gedacht und formuliert, mit einer Mitteilung der Sinaibundesgebote fortgesetzt zu werden.

Es kann dann überhaupt darüber kein Zweifel herrschen, dass die richtige und echte Fortsetzung von 19:19; 20:18–21 eben 20:22a[213] ist: «Da — nämlich nachdem Mose zu Jahwe in das Wolkendunkel hineingegangen war V. 21 — sprach Jahwe zu Mose: So sollst du zu den Israeliten sagen: Ihr sollt euch keine anderen Götter neben mir machen». Dann folgen weitere Gebote bezüglich des Alleinrechtes Jahwes als Bundesgott, und des richtigen Jahwekultes Vv. 23–26. Die jetzt von dem «Rechtsbuch» abgebrochene Mitteilung der Gebote wird in 22:28 fortgesetzt und läuft bis 23:19 incl. — An diese Mitteilung der Bundesgebote schliessen sich in 22:20–33 die Verheissungen Jahwes; dafür, dass die Israeliten seine Gebote halten, will er sie in Sicherheit zu dem verheissenen Lande führen und sie zum ungestörten Besitz desselben verhelfen.[214]

So lässt sich Kp. 19 von seiner Fortsetzung in 20:18–26; 22:28–23:33 nicht losreissen, und der Versuch RUDOLPHs, in einem reduzierten Kp. 19 eine Einleitung zu Kp. 34 mit dem dort berichteten Hinaufsteigen Moses und Herabfahren Jahwes auf den Berg Vv. 4–5 muss abgelehnt werden.

Die *Sinaigebote* unseres Berichtes haben wir, wie gezeigt, in 20:23–26, 22:18–23:19. Wie viele Gebote diese Sammlung eigentlich umfasst, lässt sich nicht genau sagen, erstens weil die Scheidelinie zwischen M und unseren Geboten unsicher ist, und zweitens, weil man Grund hat, spätere Zusätze nach Dt und H zu vermuten.[215]

Was wichtig ist, ist aber das Verhältnis zu den Geboten in Kp. 34. Erstens ist zu sagen, dass sämtliche 13 Gebote in 34 sich auch in unserer Sammlung finden.[216] Der Wortlaut ist aber fast nie identisch. Wir haben oben (S. 73) auf die verschiedenen Namen des Wochenfestes und des Herbstfestes hingewiesen und verweisen übrigens uf *Le Décalogue* S. 39f. Diese lexikalischen und stilistischen Differenzen genügen, um zu zeigen, dass 34:14–26 kein literarischer Auszug aus 20–23 (÷ M) ist (s. S. 72f.), aber auch, dass die Gebote in 20–23 (÷ M) keine literarische Erweiterung von 34 sind. Wir haben es hier mit zwei von einander (relativ) unabhängigen Varianten derselben Grundsammlung zu tun.

Auffallend ist ferner, dass die Reihenfolge der gemeinsamen Gebote im grossen Ganzen in beiden Rezensionen dieselbe ist. (s. jedoch S. 73).

Aus diesem allen kann nur die Folgerung gezogen werden, dass die beiden Rezensionen auf dieselbe Grundform zurückgeht, und dass diese im Wesentlichen von den Geboten in Kp. 34 vertreten ist. Die Gebote in Kp. 20–23 vertreten eine vermehrte Weiterentwickelung von den Geboten in Kp. 34. Diese Erweiterung wird im Laufe der Überlieferung stattgefunden haben.

Da nun jene Gebote in beiden Fällen als organisch eingefügte Glieder eines Berichtes von der Sinaioffenbarung auftreten, so wird man daraus folgern müssen, dass die Gebote in Kp. 20*–23* niemals ein eigenes selbständiges Korpus gebildet haben, sondern dass die besagte Entwickelung eben in Verbindung mit der Überlieferung des ganzen Sinaiberichtes, von dem die Gebote einen integrierenden Teil bilden, stattgefunden hat. Um den alten Kern, vertreten von den 13 (10) Geboten in Kp. 34, haben sich im Laufe der Zeit eine Menge andere, ebenfalls als Sinaigeboten betrachteten Gebote gesammelt. Insofern stehen auch die Sinaibundesgebote in Ex 20*–23* innerhalb «der dekalogischen Tradition» (S. 74). Das kultische Muster, nach dem der ganze Bericht in Kp. 19*–24* gebildet ist, ist hier noch deutlicher zu fassen, als bei Kp. (S. 74).[217]

e. Nach der Mitteilung der Gebote und den Bundesverheissungen muss *die feierliche Schliessung des Bundes* folgen. Die wird auch in Kp. 24 erzählt, wo V. 3 sich direkt an 23:20–33 anschliesst.

Von dem Bundesschluss wird aber in zwei Versionen erzählt. Nach der einen findet er durch ein feierliches sakrales Mahl statt, wobei Mose und Ahron und 70 andere von den Ältesten des Volkes die Gäste Jahwes sind, Vv. 9–11. Dazu bildet V. 1f die Einleitung. Nach der anderen findet er, nach einem ausdrücklichen Versprechen des Volkes, die geredeten Gebote zu halten, bei einem irdischen Opferfest unter bundesstiftenden sakralen Riten: Besprengung der Gemeinde mit dem Opferblut und Vorlesung der inzwischen von Mose in ein *sefær* aufgeschriebenen Bundesgebote[218] statt, Vv. 3–8. Erst danach wird Mose wieder auf den Berg hinaufgerufen, um die von Jahwe selber auf Steintafeln geschriebenen Gebote zu erhalten, Vv. 12–15a, 18b.[219]

Dass wir hier zwei traditionsgeschichtlich verschiedene Berichte von dem Akt der Bundesschliessung haben, ist einleuchtend. Nur eine von diesen Traditionen, und zwar die letztere, passt zu dem in Kp. 19*, 20*–23 Erzählten. Dort hat Mose eine grosse Reihe von Geboten erhalten, die er zwar unmittelbar nachher dem Volke mündlich mitteilen kann (24:3), die er es aber sofort notwendig findet, aufzuschreiben, V. 4. Diese Tradition hat ihre Form in einer Zeit erhalten, als feierliche Bundesschliessungen schriftlich fixiert wurden, und man schon mit der Vorstellung und Sitte einer solchen Fixierung auch sakraler Regeln und Gebote vertraut war. In der vorliegenden Form liegt eigentlich eine Verdoppelung des Motivs der Aufschreibung vor: sowohl in ein *sefær* wie auf steinerne Tafeln.

Das spiegelt, wie GRESSMANN in seinem *Mose und seine Zeit* nachgewiesen hat, eine kulturgeschichtliche Entwickelung. Das Älteste sind die steinernen Tafeln mit relativ kurzen Inschriften, das Jüngere ist das Schreiben in ein *sefær*. In dem vorliegenden Bericht sind beide Motive miteinander verbunden, u. a. auch, um die Tradition von dem goldenen Kalb und dem Schicksal der köstlichen Tafeln an die Bundesschliessungserzählung anknüpfen zu können. Das ist aber in unserem Zusammenhang nebensächlich.

Das in ein *sefær* Niedergeschriebene hat dann Mose bei dem feierlichen Akt dem Volke vorgelesen: «Er nahm das *sefær habbĕrit* und las es dem Volke vor», und das Volk wiederholt sein Versprechen, alles, was Jahwe geredet hat, zu halten, V. 7. Von diesem *sefær habbĕrit* haben die Theologen ihre Vorstellung von einem «Bundesbuch» und ihre unglückliche Beziehung des Ausdruckes auf das «Rechtsbuch» M in 21:1ff. Es ist aber einleuchtend, dass der Term sich nicht auf dieses, sondern auf die Bundesgebote unserer Erzählung, d. h. auf 20:23–26; 22:28–23:19 bezieht. Es ist auch ganz unnötig und in unserer Erzählung nur geeignet, falsche Vorstellungen zu wecken, wenn man *sefær* hier mit «Buch» übersetzt. Das Wort kann zwar auch ein «Buch» bezeichnen, ein «Buch» war aber den Alten z. B. auch das «Buch» Obadja. *sefær* kann jedes «Schriftstück», auch das kürzeste, etwa einen Brief, sogar einen auf ein Ostrakon geschriebenen Bescheid, aber auch eine «Urkunde» jeder Art bezeichnen.[220] Die einzige Übersetzung, die hier sachgemäss ist, ist «die Bundesurkunde», the chartre of the covenant. Es liegt nicht der geringste Grund vor, in *sefær* V. 7 auch das Rechtsbuch M mit einzuschliessen. Die traditionelle Übersetzung «Bundesbuch» hat nur Verwirrung und Unheil angestiftet.

Die Weise, in der die beiden Varianten, sakrales Bundesmahl und Bundesurkunde, mit einander in Kp. 24 verbunden sind, sieht nicht nach der Verschmelzung zweier Motivvarianten aus. Dafür lassen sie sich viel zu einfach und restlos von einander scheiden. Die Einleitung der Bundesmahlerzählung, Vv. 1–2, ist als Einleitung des Ganzen gesetzt, dann folgt die Erzählung von dem bundesschliessenden Opferfest, Vv. 3–8; darauf die Bundesmahlerzählung, Vv. 9–11, und endlich das Nebenmotiv der «Urkundenerzählung», das Tafelmotiv, Vv. 12–15a, 18b. Das sieht viel eher nach der Arbeitsweise eines mit schriftlichen, oder jedenfalls schon fest geformten, nicht leicht zu ändernden Vorlagen arbeitenden «Redaktors» aus. So haben wir schon in Kp. 24 eine Andeutung von zwei zusammengearbeiteten «Quellen» vor uns.

f. Das führt uns auf das überladene Kp. 19 zurück. Sollten nicht auch hier die vielen Wiederholungen und retardierenden Motive in der Tat auf Benutzung zweier Quellen beruhen?

Sicher dürfte es jedenfalls sein, dass Kp. 19 «redaktionell» bearbeitet worden ist. Vv. 3b–6a stehen jetzt nicht auf ihrem formgeschichtlich richtigen Platz, was aus folgender Erwägung hervorgeht. Das ganze Bild des Vorganges des feierlichen Bundesschlusses geht selbstverständlich nicht auf irgendwelche Erinnerungen des wirklichen Vorganges zurück. In der Wüste konnte man keine Rinder als Opfer bringen, noch darf man eine literarische Wirksamkeit des Mose dort voraussetzen. Das Bild ist nach dem Vorbild des jährlichen Bundeserneuerungsfestes des in Kanaan wohnhaften Israel gezeichnet.[221] Das gilt in der Tat auch von der Schilderung in Ex 34, die dieselben Hauptmomente wie Ex 19ff aufweist (S. oben f. 74). — Zu dem «Mythus» dieses Festes gehörte die Vorstellung von dem Erscheinen Jahwes zur Einschärfung seiner Gebote und Erneuerung des Bundes. Davon haben wir in den Psalmen 81:6b–17; 95:7b–10; 50:7ff deutliche Reflexe. Das Fest war zugleich das Epiphaniefest Jahwes. In Festmythus und Liturgie «erschien» er und stellte sich mit seinem Namen und unter Hinweis auf seine Heilstaten vor: «Ich bin Jahwe, der dich aus Ägypten hinaufführte». Eine entsprechende Selbstvorstellungsformel leitet auch in Kp. 34 die Bundesschliessungsworte Jahwes ein. Es ist auch eine Form dieser Epiphanieformel, die in Ex 19:3b–6a vorliegt. Sie leitet nach ihrem formgeschichtlichen Typus die eigentliche Epiphanie ein und führt direkt zu der Verkündigung der Mahnungen, bzw. Rügen, Gebote und Verheissungen über. Dann hat sie aber nicht bei dem ersten Befehl an Mose, auf den Berg hinaufzusteigen, um zu hören, was Jahwe an das Volk zu sagen hat, ihren organischen Platz. Die Worte Jahwes in Vv. 3b–6a sind die Worte, mit denen er nach seinem Erscheinen vor der Gemeinde diese anredet und seinen Willen verkündet. RUDOLPH sieht in Vv. 3b–8 einen sekundären Zusatz, dessen Absicht es ist, «die Bedeutung der Sinaioffenbarung» zu unterstreichen. Abgesehen von dieser unpräzisen und eigentlich nichtssagenden Bestimmung des Sinnes scheitert seine Erklärung eben daran, dass sie nicht den formgeschichtlichen und kultgeschichtlichen Zusammenhang der Formel berücksichtigt. Vv. 3b–6a gehören überhaupt nicht in den Abschnitt von den Vorbereitungen zur Epiphanie, sondern hinter die Beschreibung derselben. D. h. sie werden hinter 20:22a ihren ursprünglichen Platz gehabt haben.[222] Ihren Sinn als Einführung der göttlichen Willensoffenbarung verlor aber die Formel, als «der Dekalog» 20:1–17 ihren jetzigen Platz erhielt. R[JP] hat sie daher als Einführungsworte zu der ganzen Sinaiperikope passend gefunden und sie hinter 19:3a versetzt. Eine Spur der ursprünglichen Stelle hat er in dem allgemein als R[JP]-Satz anerkannten 20:22b hinterlassen.

Kp. 19 zeigt aber auch Spuren von redaktionellen Eingriffen älter als R[JP]. V. 13b hat auf seinem jetzigen Platz keinen Sinn. — Auch das retardierende Motiv in Vv. 21–25, wo überhaupt nichts gesagt wird oder geschieht, das nicht früher gesagt und erzählt worden ist (s. oben S. 75f.), ist bei einem selbständig arbeitenden Autor schwer zu ertragen. Auch als Nachtrag eines Ergänzers ist es nicht leicht zu verstehen. Die nächstliegende Erklärung ist, dass hier ein Stück, eine Parallele zu Vv. 10–13a, aus einer Variantvorlage notdürftig hineingeflickt worden ist.

So gibt auch Kp. 19 zum Verdacht von zwei parallelen «Quellen» Grund.

g. Es dürfte jetzt klar sein, dass WELLHAUSENs Auffassung von Ex 19-24 und 34 wohl begründet und prinzipiell richtig ist. Wir haben hier zwei, einmal jede für sich existierende Berichte von der Stiftung des Sinaibundes, von denen der eine, Kp. 34, später als eine Wiederholung und Erneuerung des Bundes aufgefasst und dementsprechend leicht bearbeitet worden ist.

Damit rückt die oben nachgewiesene *Zweisträngigkeit in Kp. 19 und 24* in ein helleres Licht. Wir sahen schon, dass der eine Strang in Kp. 24, von den Versen 3-8, 12-15a, 18b vertreten, die logisch und literarisch notwendige Fortsetzung von dem Bericht in Kp. 19*-23* ist. Damit ist es höchst wahrscheinlich, dass der zweite Strang Vv. 1a,[223] 2, 3, 9-11, der weder traditionsgeschichtlich noch literarisch sich organisch mit dem ersten vereinigen lässt, mit dem Bericht in Kp. 34 zusammenhängt.

Im Voraus ist es dann auch recht wahrscheinlich, dass auch die sich nicht einfügen wollenden Doubletten in Kp. 19 mit dem Bericht in Kp. 34 als Teile der ursprünglichen Einleitung desselben zusammenhängen — dies Körnchen von Wahrheit liegt in RUDOLPHs Behandlung von Kp. 19. Das gilt ganz besonders von 19:13b, der schlechterdings nichts mit seinen jetzigen Umgebungen zu tun hat; es konnte kaum jemandem einfallen, diesen Satz dort, wo er jetzt steht, einzuschalten, wenn er sich nicht von einer von ihm zu respektierenden Vorlage dazu gebunden gefühlt hätte. Von solchen Vorlagen hatte der betreffende Redaktor neben Kp. 19 aber auch den Bericht von Kp. 34. Der nähere Zusammenhang in den Vv. 10-13a, 14f redet von den Sicherheitsveranstaltungen, die verhindern sollen, dass irgendein Lebewesen, sei es Tier oder Mensch, in Berührung mit dem Berge kommt, so lange Jahwe sich dort aufhält. V. 13b redet in Pluralis von gewissen Personen, die bei einem Hornsignal dort hinaufsteigen sollen. Welche «sie»? Im Anschluss an ERDMANNS hat RUDOLPH das Hornblasen als ein Gefahr-vorüber-Signal deuten wollen. Für wen bestimmt? Doch wohl nicht für die in Vv. 10-13a, 14f genannten, die überhaupt nicht den Berg weder besteigen noch berühren dürfen? Von irgendwelchen Ausnahmen, in Plural, die es tun dürfen, ist im Vorhergehenden überhaupt nicht die Rede gewesen. Von solchen hören wir dagegen in 24:1-2, 9-11: Mose und Ahron und 70 von den (anderen) Ältesten des Volkes.[224] So liegt der Schluss mehr als nahe, dass auch Kp. 34 einmal von gewissen Vorzeichen der Theophanie geredet hat, und dass 19:13b davon stammt.

Das wird dadurch bestätigt, dass die jetzige Form von 34:5–9 nicht in Ordnung ist und das Ursprüngliche nicht wiedergeben kann. Wir haben schon darauf hingewiesen, dass das doppelte *yhwh* in V. 6b wohl nur ein Textfehler ist, und dass die Worte Jahwes in 6b–7 eine Epiphanieformel sind, die die göttliche Willensmitteilung, die Bundesworte in Vv. 10, 11a, 14, 17–26 einleiten. Daran könnte sich allerdings V. 8 als eine parenthetische Bemerkung des Erzählers anschliessen. Die eigentliche form- und traditionsgeschichtliche und literarische Fortsetzung von V. 7 ist aber V. 10 als Anfang der Willensmitteilung Gottes. Auch schliesst sich V. 5b sehr schlecht, oder gar nicht an Vv. 4–5a an; in V. 4 ist Mose schon auf den Berg hinaufgestiegen, in V. 5 ist Jahwe schon herabgefahren und hat sich neben Mose gestellt; dann kann kein ordentlicher Erzähler oder Verfasser fortsetzen: da rief er den Namen Jahwes, und als Jahwe vorüber ging, rief Jahwe usw. V. 5b, 6a. Dagegen schliesst sich V. 8 vortrefflich an V. 6a an, und mit V. 8 geht dann V. 9. Dann haben wir in diesen Versen eine Scene analog der in 33:18–23 geschilderten, und es lässt sich kaum bezweifeln, dass die Verse 5b, 6a, 8–9 ursprünglich zu dem Motiv von Kp. 33 gehören: wie Mose Jahwe dazu bewegte, trotz des Treubruches mit dem goldenen Kalbe doch das Volk nach dem gelobten Lande zu führen.[225] Der Redaktor hat die Verse hier eingeschaltet, als er den Zusammenhang Kp. 19–24, 32–34 schuf, eben weil er seine Auffassung von Kp. 34 als einer von dem Treubruch in Kp. 32f notwendig gemachten Erneuerung des Bundes ausdrücken wollte.

So spricht alles dafür, dass auch der Bericht in Kp. 34 von gewissen Vorzeichen der Theophanie (19:13b) und gewissen Vorbereitungen zu derselben geredet hat.

h. Wir haben somit gesehen, dass Kpp. 19–24, wenn man von dem später hinzugekommenen Komplexe M 21:1–22:27 und dem Dekalog 20:1–17 absieht, eine literarisch gut zusammenhängende, wenn auch traditionsgeschichtlich vielschichtige, Komposition bilden, die einen Bericht von dem Sinaibundesschluss geben will. Einen zweiten Bericht von demselben Ereignis haben wir in Kp. 34, wozu ursprünglich auch einige Sätze in Kp. 19 und ein kürzerer Abschnitt von Kp. 24 gehört haben.

Diese beiden Berichte sind nun wirkliche Parallelen, die alle Hauptzüge mit einander gemeinsam haben. Das geht aus der folgenden Synopse klar hervor.

| | |
|---|---|
| 1. Ankunft an Sinai. Mose steigt auf den Berg zur Gottheit hinauf, 19:2–3a, und erhält von der bevorstehenden Theophanie Bescheid; gewisse rituelle Vorbereitungen sollen gemacht werden, das Volk soll sich heiligen und sich für den dritten Tag bereit halten; der Berg soll abgesperrt werden, kein Lebewesen, weder Mensch noch Tier darf in unmittelbare Nähe des Berges kommen, 19:9–13a. Mose steigt herab, die Vorbereitungen werden getroffen, 19:14f. Frühmorgens am dritten Tage zeigen Donner und Blitze und dichter Nebel die Nähe der Theophanie an; Mose führt das Volk zum Fuss des Berges hinaus, 19:16–17. | 1. [..... Jahwe kündet sein bevorstehendes Kommen an]. Er gebietet Mose, zwei steinerne Tafeln zu hauen und sich für den folgenden Tag bereit zu halten, um dann auf den Berg hinaufzusteigen und dort Jahwes Ankunft abzuwarten; der Berg soll abgesperrt werden sowohl für Menschen wie für Tiere, 34:1b, 2, 3. |
| 2a. Die Theophanie. Jahwe fährt auf den Berg herab unter Donner, Blitzen und Rauch. Mose ruft Jahwe an; dieser antwortet «im Getöse» (und gibt dadurch seine Nähe an), 19:16–19, und gebietet ihm, zu sich auf den Gipfel des Berges hinaufzusteigen 19:20. (Retardierendes Intermezzo 19:21–25.) | Mose führt die Befehle aus und |
| 2b. Bei den Anzeichen der Theophanie von grosser Furcht ergriffen bittet das Volk Mose, allein die Worte Gottes zu empfangen, während es wartend am Fusse des Berges stehen bleibt. Mose steigt zu der in der Nebelwolke weilenden Gottheit hinauf, 20:18–21. | steigt mit den Tafeln auf den Berg hinauf, 34:4.<br>2. Jahwe steigt in einer Wolke herab und stellt sich neben Mose, 34:5a. |

3. Jahwe redet zu Mose; die Rede ist wahrscheinlich von der Epiphanieformel 19:3b–6a eingeleitet worden, die an seine Wohltaten an das Volk erinnert und das Eingehen eines *Bundes* (V 5) anzeigt. Offenbar liegt hier Anschluss an ein kultisches Muster vor.

4a. Danach folgen die Bundesgebote, mit dem Verbot der Verehung anderer Götter und dem Verbot gegen Kultbilder anfangend, 20:23, und mit den anderen Bundesgeboten in 20:24–26; 22:17 (bzw. 28)–23 fortsetzend.

4b. Jahwe verspricht seinerseits, das Volk in Sicherheit nach Kanaan zu führen und alle seine Feinde vor ihm zu vertreiben, 23:20–33; vgl. Pkt. 4a in der Parallele.

5. Mose bringt dem Volke von den Geboten Bescheid; dieses erklärt sich bereit, sie alle zu halten. Mose schreibt alle die Gebote auf, 24:3–4a.

6. Der Bund wird unter Opferungen und Vorlesung der (von Mose aufgeschriebenen, s. Pkt. 5) «Bundesurkunde» feierlich geschlossen; das Volk verpflichtet sich zur Beobachtung der vorgelesenen Gebote; das sowohl auf

3. Jahwe redet zu Mose und fängt mit einer Selbstvorstellung an, die auf seine Fürsorge für die Bundestreuen durch alle Generationen, aber auch auf seine strafende Gerechtigkeit gegen die Sünder hinweist, 34:6b–7. Die Epiphanieformel geht auf ein traditionelles kultisches Muster zurück.

4. Jahwe erklärt, dass er jetzt mit Mose als Vertreter des Volkes (vgl. Punkt 2b in der Parallele) einen *Bund* schliessen will (vgl. Pkt. 3 der Parallele), folgenden Inhalts:

4a. Ich, *Jahwe*, will durch unerhörte Wunder Israel zu dem gelobten Lande führen, 34:10 — vgl. Pkt. 4b in der Parallele —;

4b. du, d. h. Israel als der zweite Bundespartner, sollst alle die Gebotehalten die ich dir heute gibt, 34:11a.

4c. Danach folgen die Bundesgebote, mit dem Gebote, Jahwe allein zu verehren und dem Verbote gegen Kultbilder, 34:14,17, anfangend und von den übrigen Bundesgeboten Vv. 18–26 fortgesetzt. Sämtliche (13) Gebote finden sich, zum Teil in etwas abweichender Form, unter den Geboten der Parallele wieder.

5. Jahwe gebietet Mose, alle diese Gebote, die hier ausdrücklich die Bundesgebote genannt werden, auf den mitgebrachten Tafeln aufzuschreiben; Mose bleibt auf dem Berg 40 Tage und schreibt die Gebote auf, 34:27–28 [und kehrt danach zum Volke zurück].

6. Mose erhält Befehl, mit Ahron und 70 von den Ältesten auf den Berg hinaufzusteigen; Mose allein soll sich dem in der Wolke weilenden Jahwe nähern, offenbar um ihre Ankunft zu melden, 24:1*–2. Der Bund wird durch

den Altar wie auf die Gemeinde gesprengte Opferblut bindet Gott und Gemeinde in einen Bund zusammen. 24:4b–8.

ein feierliches Mahl «vor Jahwe» geschlossen. 24:9–11.

7. Mose erhält Befehl, auf den Berg hinaufzusteigen, wo Jahwe ihm die steinernen Tafeln (offenbar von Jahwe selber gemacht) gibt, auf die er (Jahwe) die Bundesgebote aufgeschrieben hat, 24:12–15a; Mose so tut, 24:18b. Vgl. Pkt. 1 und 5 in der Parallele.

Dass WELLHAUSEN darin Recht hat, dass wir hier zwei Varianten derselben «Tradition» vor uns haben, braucht keines weiteren Beweises. Sämtliche Momente kommen in beiden Rezensionen vor. WELLHAUSENS Urteil: Kp. 34 «will nicht die dritte, sondern die erste und einzige Gottes-offenbarung am Sinai erzählen» bleibt bestehen. Das gibt in der Tat auch RUDOLPH zu. Es ist aber ebenso klar, dass Kpp. 19*–23* genau dasselbe wollen; sie lassen sich nicht zu einer Einleitung zu Kp. 34 reduzieren.

Es findet sich aber fast überall charakteristische Unterschiede. Ein Zug, der hier beachtet werden sollte, ist die Reihenfolge der beiden Hauptmomente der Offenbarungsrede: in Kp. 34 zuerst die Verheissung, was Jahwe verspricht zu tun, dann die Forderungen, die Bundesgebote; in Kpp. 19*–23* zuerst die Gebote, danach die Verheissung. Ersteres ist die unmittelbar religiös richtige Reihenfolge. Letzteres zeugt von einer Zeit, für die die Gebote, das Gesetz, mehr in den Vordergrund der Religion gerückt ist.

Damit hängt natürlich auch das Anschwellen der Bundesforderungen in Kpp. 19*–23* zusammen. Wir haben oben gesehen, dass die Bundesgebote in Kp. 34 kein (literarisches) Exzerpt aus denen in 20*–23* sind, dass aber letztere keine literarisch vorgenommene Erweiterung der ersteren sind; dazu sind die formellen Unterschiede zu gross. Dass aber die Gebote in Kp. 34 der traditionsgeschichtliche «Kern» derjenigen in 20*–23* sind, ist offenbar.

Demnach kann keine der beiden Rezensionen als direkt aus der anderen literarisch gebildet betrachtet werden. Dazu sind auch hier die Unterschiede zu gross. Es handelt sich in der längeren

Rezension um eine freiere Weiterentwickelung der kürzeren, die eben in mündlicher Tradition stattgefunden hat.

i. Damit ist schon gesagt, wie die Frage nach dem *relativen Alter* der beiden Rezensionen zu beantworten ist. Dafür, dass die kürzere, die in Kp. 34, traditionsgeschichtlich die ältere ist, dafür gibt es auch eine Reihe von Indizien. Traditionsgeschichtlich ist selbstverständlich die mündliche Verkündigung des Inhalts der Bundesbedingungen die älteste Form.[226] Die hat sich auch in beiden Rezensionen als die eigentliche Offenbarungsform gehalten. Kulturgeschichtlich jünger ist das Motiv von den geschriebenen Geboten, zunächst auf steinernen Tafeln; hier liegt die im alten Orient wohl bekannte Aufstellung von *leges sacrae*, von den «Zutrittsbedingungen» des betreffenden Heiligtums, im Hintergrunde.[226a] Dies Motiv finden wir auch in beiden Rezensionen, als die zweite Stufe der Bekanntmachung der Bundesgebote. Dazu ist aber in der längeren Rezension das noch jüngere *sefær*-Motiv hinzugekommen und ist in der Weise das eigentliche Veröffentlichungsmotiv geworden, dass das Tafelmotiv hier als ein im Grunde überflüssiges, recht lose angehängtes Nebenmotiv erscheint. Sehr altertümlich wirkt zwar die Vorstellung, dass Jahwe eigenhändig die Tafeln gemacht und beschrieben hat, 24:12; in 34:1a,[227] 28 beschreibt Mose selbst die von ihm mitgebrachten Tafeln. In Kp. 24 kann es sich aber um eine Vergröberung des Motivs handeln, die eine theologische Idée ausdrücken soll. Dass theologische Interessen auch zu Vergröberung und Mythologisierung ursprünglich «rationalerer» Motive und zu Übertreibung des Wunderhaften führen können, ist nichts Seltenes; man vergleiche die verschiedenen Darstellungen der Trockenlegung des Schilfsees.

Traditionsgeschichtlich jünger als das mythische Mahl «vor Jahwe» oben auf dem in den Himmel hineinragenden Gottesberg — vgl. die Schilderung in 24:10 — ist das bundesstiftende, offenbar die üblichen Riten nachahmende irdische Opferfest in 24:4b-8. Hier hat die jüngere Rezension den Vorgang der Bundesstiftung «entmythologisiert».

Dass eine erweiterte Sammlung von Geboten, Kp. 20*-23*, jünger als die Grundsammlung in Kp. 34 ist, liegt auch in der Natur der Sache.

Mehrere Einzelzüge bestätigen dieses Urteil.[228] Die nächstliegende Auffassung von dem Sabbatgebot in 34:21 ist, dass es sich um Unterlassung der Arbeit zur Zeit des Pflügens und des Erntens handelt. Das sind eben die kritischen Zeiten, bei denen man sich gegen den Einfluss «gefährlicher» Tage sichern muss. Der Sabbat scheint hier eine besondere Beziehung eben zur Feldarbeit gehabt zu haben; ein altes Tagestabu ist im Laufe der Zeit ein religiöses Gebot geworden. Für andere Wirksamkeiten hatte die Unterlassung derselben am Sabbat keine solche Bedeutung. — In 23:12 wird allgemeine Arbeitsruhe am Sabbat ohne Einschränkung gefordert. Die Motivierung hat nichts mehr von dem ursprünglichen Tagestabu behalten; sie ist humanitär geworden und vertritt hier dieselbe rationalisierende Auffassung wie in Dt. — Eine ähnliche rational-humanitäre Motivierung hat auch das in Kp. 34 fehlende Gebot vom Brachjahre 23:10f erhalten.

Das Verbot, sogar die Namen der anderen Götter zu nennen, 23:13b, ist wohl eine jüngere Schärfung des konkreten Verbotes ihrer Verehrung 34:14.

Zu beachten ist auch, dass die drei speziellen Festgebote in 34:18, 22a, b im Verhältnis zu dem allgemeinen Festgebot V. 23 ohne planmässige Ordnung plaziert sind, wie wir gesehen haben eine Folge davon, dass sie überhaupt im Verhältnis zu dem allgemeinen Gebot literarisch sekundär sind. Wenn sie nun in 23:15-16 vor dem allgemeinen Gebot stehen, so ist das wohl das Ergebnis einer ordnenden Redaktion der Gebote. — Zu beachten ist auch der Einfluss des Weisheitsstils 23:8 auf den *tôrå*-Stil. Endlich ist auch zu beachten die ängstliche Unterstreichung der rituellen Reinheit bei dem Bundesakt und der scharfen Scheidung zwischen Heilig und Profan in den Vorbereitungen in 19:9ff — ein Zug, der gewiss auch auf das kultische Muster der ganzen Schilderung in Kpp. 19*-24* zurückgeht.

Dies Alles deutet mit Bestimmtheit derauf, dass die Gebote in Kpp. 20*-23* in einer jüngeren Redaktion als in Kp. 34 vorliegen.

Die Rezension in Kp. 34 ist somit überhaupt die ältere, die in Kpp. 20*-23* die jüngere.

j. Mit dem Allen ist auch gegeben, dass der eigentliche J-Bericht in Kp. 34 zu suchen ist. Dafür, dass die jüngere Variante den ursprünglichen J-Bericht darstellen sollte, lassen sich keine positive Gründe angeben. Im Gegenteil. Dass ein ausführlicher Bericht, wie der in Kp. 19*–24* später mit einer viel kürzeren und weniger «inhaltsreichen» Parallele erweitert worden sein sollte, ist an sich sehr wenig wahrscheinlich. Mit den Augen der späteren Redaktionswirksamkeit gesehen, fügt Kp. 34 nichts Neues hinzu, das sie nicht schon in Kp. 19* – 24* finden konnte. Wenn diese Kapitel die ursprüngliche J-Rezension darstellten, so war es in Kp. 34 auch nichts, das einen späteren Bearbeiter dazu zwingen musste, den Bericht als eine Wiederholung der (ersten) Bundesstiftung zu betrachten und ihn als einen solchen zu verwenden.

Ganz anders stellt sich die Sache, wenn Kp. 34 schon bei J stand, und der Redaktor nun mit der Erzählung in Kp. 19*-24* Bekanntschaft gestiftet hatte und auch diese in das Geschichtswerk aufgenommen sehen wollte. Dann bot sich ihm als naheliegende Erklärung des Vorhandenseins der beiden Berichte, dass der kürzere ein mehr rekapitulierender Bericht von einer Wiederholung des Bundesschlusses, für die er in der Goldkalbgeschichte eine genügende Motivierung fand, sein müsse.

Man könnte vielleicht fragen: kann J nicht die beiden Berichte aufgenommen und mit einander kombiniert haben, so dass «der Redaktor» hier J selber sei? Auch das ist sehr wenig wahrscheinlich. Wenn J, der nicht nur Sammler, sondern ein planmässig arbeitender Verfasser ist, die beiden Berichte gefunden hätte, so hätte er nicht nötig gehabt, Kp. 34 überhaupt aufzunehmen; er würde sicher erkannt haben, dass in Kp. 34 nichts stand, was er nicht auch in Kpp. 19*–23* finden und hineinlesen konnte; das Einzige, was er dann daraus zu nehmen brauchte, wären die Verse 24:9–11. Die mechanische Weise, in der 19:13b hineingefügt ist, spricht entschieden gegen einen Verfasser von dem Range J's.

k. Auf dem Grunde der obigen Auffassung hat der Redaktor *die beiden Berichte* zu einer Einheit *zusammengearbeitet*. Er hat sich von beiden in gleichem Masse gebunden und zu der gleichen Pietät verpflichtet gefühlt. Er hat den längeren Bericht zu Grunde gelegt und ihn vorangestellt, und ihn damit als den eigentlichen Bericht von der Bundesstiftung betrachtet. Die vorbereitende Einleitung in

Kp. 19 hat er mit ein paar Zügen aus J bereichert, vielleicht auch aus eigener Deutung etwas erweitert (vgl. 19:20–25), und danach den ganzen längeren Bericht folgen lassen. In dem Abschnitt von dem bundesstiftenden Opferfest in Kp. 24 hat er den J–Bericht von dem mythischen Mahl auf dem Berge «vor Jahwe» aufgenommen und darin eine krönende sakramentale Bestätigung des geschlossenen Bundes gesehen. Dann liess er die Episode mit dem goldenen Kalb, von der auch bei J nach der Bundesstiftung berichtet war, folgen, um daran den Bericht von der dadurch notwendig gewordenen Erneuerung des Bundes Kp. 34 anzuschliessen. Hier brauchte er nicht mehr das sakramentale Mahl auf dem Berge. In Kp. 34 war ihm die (erneuerte) Zusicherung des Bestehens des Bundes und die (Wieder)-Herstellung der Gesetzestafeln die Hauptsache. Er hat sich daher damit begrügt, die oben festgestellten Umstellungen in Vv. 5–8 vorzunehmen und V. 1 a β, b und die Worte «wie die vorigen» Vv. 4 und 9 hinzuzufügen, s. oben S. 67f.

1. Schon die J-Form ist aus mehreren, mehr oder weniger *selbständigen Motiven* zusammengesetzt. So ist das Motiv von dem sakralen Bundesmahl auf dem Gipfel des in den Himmel hineinragenden Gottesberges kein notwendiger Bestandteil der Tradition von dem Bundesschluss am Sinai. Insofern steht die rationalisierte Vorstellung der jüngeren Variante, das irdische Opferfest, gewiss der geschichtlichen Wirklichkeit näher.

Auch die Formulierung des Inhaltes des Bundes in konkreten Einzelgeboten gehört nicht zu dem ursprünglichen Bestand der Bundestradition. Wenn das A. T. selbst in kurzer Form den Inhalt des Bundes angeben will, so geschieht es in der Form «Ich, Jahwe, will dein Gott sein, und du, Israel, solst mein Volk sein». Der Satz kommt zwar erst in jüngeren Schriften vor und ist von EDU. MEYER als ein inhaltsloser Satz charakterisiert worden. Kein Urteil kann falscher sein. Der Satz sagt überhaupt alles, was notwendig zu sagen war von einem dauernden Bund zwischen Gott und einem Volke. In ihm liegt sowohl Verheissung wie Forderung eingeschlossen, und zwar in einer allen Zeiten verständlichen Sprache. Was der Gott eines Volkes war, das wussten schon die vormosaischen Israeliten wohl, und dass das die Verehrer Gottes in mancherlei Weise verpflichtete, wussten sie auch sehr gut. *Wie* diese Verpflichtungen in concreto sich gestalten konnten, darüber haben selbstverständlich die Meinungen der wechselnden Zeiten gewechselt; das ist eben das Thema der «Entwickelung» der israelitisch-jüdischen Religionsgeschichte, und daher hat es auch viele «Dekaloge» gegeben.

Oben wurde das Tafelmotiv berührt. Das ist natürlich auch ein im Verhältnis zu der ursprünglichen Tradition sekundärer Zug. GRESSMANN hat nachgewiesen, dass die Pointe des Tafelmotivs immer ihr Zerbrochenwerden gewesen ist. Man kann es auch so ausdrücken, dass der «geschichtliche Kern» der Sage von den Gesetzestafeln der ist, dass diese nie existiert haben; eben diese Tatsache will die Sage erklären. Eine Zeit, die angefangen hatte, sakrale Gesetze aufzuzeichnen und von Stelen mit eingegrabenen *leges sacrae* Kunde hatte,[229] hat sich auch die Frage nach Aufzeichnungen der von Mose am Sinai empfangenen Bundesgebote gestellt: warum haben wir keine solche Tafeln von Moses Hand? Die ätiologische Sage — hier, wie so oft, der Ausdruck eines Wunschtraumes — hat geantwortet: solche köstliche Tafeln hat es einmal eine kurze Weile gegeben, aber ach: wegen der Sünde des Volkes wurden sie im Zorn zerbrochen!

Die von J gebuchte Tradition hat somit eine längere Geschichte hinter sich. Schon hier ist ein formbildendes Muster wirksam gewesen, nämlich das Vorbild des Neujahrs- und Bundeserneuerungsfestes, des Epiphaniefestes Jahwes. Mit diesem hängt die Epiphanieformel in 34:6b-7 zusammen, wie auch die Vorstellung von der Einschärfung des Bundesgebotes von der Alleinverehrung Jahwes, vgl. Ps 81. Das mythische Mahl in 24:9-11 hat natürlich in der Sitte des Festopfermahles seinen Hintergrund. So ist schon die J-Erzählung von dem kultischen Muster mit bestimmt.

Das ist mit der *jüngeren Version* in Kpp. 19*24* in noch höherem Grade der Fall, wie ich anderswo nachgewiesen habe.[230] Die Entwickelung der Sinaibundestradition hat in Übereinstimmung mit dem schon in der J-Tradition wirkenden Formmuster stattgefunden. Der feierliche Bundesschluss ist ganz deutlich nach dem Vorbild eines Kultopferfestes, und zwar eines Bundeserneuerungsfestes — und wir dürfen getrost hinzufügen: in Jerusalem — gezeichnet.

Zu dem Tafelmotiv ist in der jungeren Version das *sefær*-Motiv hinzugekommen. Die Gesetzgebung ist umfassender geworden; moralisch-religiöse Gebote sind hinzugekommen. — Das Meiste von diesen Neuerungen sind keine selbständigen Traditionsmotive, sondern neue Sprösslinge auf dem alten Stamm und Ornamentierungen des Gegebenen.

Das formelle Grundschema ist das bei J gegebene geblieben. Es kann davon keine Rede sein, dass die beiden Versionen selbständige Entwickelungen einer gemeinsamen «Urform» seien. Die jüngere ist eine Weiterentwickelung in den Spuren der älteren bei J. Im Verhältnis zu J weist die jüngere Version keine selbständige Überlieferungen auf.

m. Auf das verwickelte Problem der Komposition von Kpp. 32–33 brauchen wir in diesem Zusammenhang eigentlich nicht einzugehen. Einige Bermerkungen dazu mögen jedoch folgen. Traditions- und Motivgeschichtlich ist der Inhalt dieses Kapitels sehr komplex. Eine Analyse der verschiedenen ursprünglich selbständigen Motive hat GRESSMANN versucht,[231] und dabei viele richtige Beobachtungen gemacht.

Es liegt aber hier auch ein literarkritisches Problem, wie schon die ältere Kritik, die auch hier die Quellen J und «E» findet, gesehen hat. Die Analyse von den Kpp. 19*–24*; 34 wird auch für 32–33 Konsequenzen haben. RUDOLPH will auch hier einen jahwistischen Grundstock, der später mit allerlei späteren Zusätzen und Zusätzen zu den Zusätzen und redaktionellen Bindestücken und Glossen bereichert worden ist, finden. Wenn man aber sieht, dass er den J nur die paar Sätze 33:1a, 12, 17 behalten lässt, so wird man gegenüber dieser Subtraktionsmethode sehr bedenklich.

Nun haben, sahen wir, sowohl J wie die jüngere Version das Tafelmotiv benutzt. Die eigentliche Pointe derselben (S. 96) finden wir aber erst in Kp. 33, und die Motivierung der Zerstörung der Tafeln ist die Episode mit dem goldenen Kalb in Kp. 32. Das macht es sehr wahrscheinlich, dass sowohl J wie auch die jüngere Version an Kpp. 32–33 mit beteiligt sind. Ob aber eine befriedigende Quellenscheidung hier jemals gelingen wird, ist eine andere Frage. Jedenfalls wird bei J die Goldkalbepisode hinter Kp. 34 gefolgt haben.

## 2.

Auch nicht bei der *Bileamerzählung* Num 22–24 kann RUDOLPHs Widerlegung der Quellenscheidung als gelungen betrachtet werden. Darauf brauche ich aber hier nicht näher einzugehen, sondern kann auf EISSFELDT verweisen, der m. A. n. mit genügenden Gründen RUDOLPHs Versuch zurückgewiesen hat.[232] Das bedeutet nicht, dass ich in allen Teilen EISSFELDs Argumente und seine Auffassung der Einzelheiten teile. Besonders muss ich meine Auffassung festhalten,[233] dass die beiden Lieder in Kp. 24 älter als die in Kp. 23 sind, und dass sie einmal selbständig, unabhängig von der J-Erzählung, in die sie jetzt aufgenommen sind, existiert haben.[234] Das leuchtet schon aus form- und traditionsgeschichtlichen Gründen ein. Die beiden Lieder bilden vollständig abgerundete, in sich selbst ruhende Überlieferungseinheiten, die für ihr Verständnis keine andere Voraussetzungen fordern oder brauchen, als dass es einmal ein alter berühmter Seher namens Bileam gelebt hat,[235] von dessen wirkungskräftigen Segens- und Fluchworten alte Kunde herumlief. Das genügte vollständig, um ihm jene *vaticinia ex eventu* über David und die Herrlichkeit des davidischen Israelsreiches in den Mund zu legen. Und ich halte es immer noch für das Wahrscheinlichste, dass diejenige Bileamsage, in derer Rahmen die Lieder jetzt überliefert sind, selbst aus diesen Liedern nebst anderen unabhängigen anekdotischen Bileammotiven und gewissen geschichtlichen Überlieferungen — wie etwa die Kontroverse mit Moab, zu denen es oft genug Gelegenheit gab — entstanden ist.

Dem sei aber wie ihm wolle. Wichtiger ist in unserem Zusammenhang eine andere Sache, nämlich, dass das Verhältnis zwischen der J-Erzählung, incl. den Liedern, und der angeblichen «E»-Erzählung nicht so aufgefasst werden kann, wie die Literarkritik es gewöhnlich tut. Sie sieht hier «zwei ihrerseits gewiss von stofflichen Traditionen abhängige, aber in ihrer Gestaltung unabhängige Erzählungsfäden»,[236] was doch wohl besagen wird, dass die beiden Erzählungen unabhängig von einander aus denselben Traditionsstoffen entstanden seien. Vielmehr ist das Verhältnis zwischen den beiden so auszudrücken: «Die vom «Elohisten» erzählte Variante der Sage baut ganz und gar auf den Jahwisten und lässt sich in allen Einzelheiten als eine Änderung der J-Variante unter dem Einfluss des Gottesbegriffes und der Denkweise der späteren Zeit erklären».[237] Handgreiflich tritt diese spätere religiöse Denkweise u. a. in der Auslassung der redenden Eselin, in der Umdichtung der Lieder, in der Angleichung der Gestalt des «Sehers» Bileam an den klassischen israelitischen Prophetbegriff und in der Auffassung von der religiösen Sonderart Israels hervor.

Die Sache liegt somit ganz analog der in Ex 19*-24*; 34. Es hat eine Variante der J-Erzählung gegeben, die eine traditionsgeschichtlich jüngere Entwickelung der Traditionskomposition, die in J ihre Form erhalten hat, darstellt. Von dieser J-Form hat die jüngere Form ihr ganzes Kompositionsschema und alle ihre stofflichen Motive erhalten. Zu einem gewissen Zeitpunkt ist die jüngere Variante literarisch mit der älteren zusammengearbeitet worden.

### 3.

Eine gewisse Rolle in VOLZs Argumentierung spielt auch das Verhältnis zwischen Gen 20:1-17 und 21:8-21 einerseits und 12:10-20; 16:1-14 (abgesehen von den P-Notizen) und 26:7-11 andererseits. In der ersten Reihe nehme ich auch mit 21:22-34, in der zweiten 26:12-33.

Ich stimme VOLZ und der Mehrzahl der Quellenscheider darin bei, dass 12:10-20; 16:1-14 und 26:12-33 — in der Tat ganz Kp. 26 — dem alten Geschichtswerk des J zugehören. Ich gebe VOLZ auch darin Recht, dass keine genügende Gründe dazu nötigen, 21:1-7 auf zwei Quellen zu verteilen; ich kann auch die Wahrscheinlichkeit — jedenfalls die Möglichkeit — der Zugehörigkeit von Kp. 22 zu J zugeben. Diese Stücke gehörten bei J zu einem Abschnitt der Abrahamsaga, der die Kpp. 16; 18-19; 21:1-7; 22 umfasste — nicht aber, wie VOLZ meint, 21:22-34, s. unten. In dieser recht gut zusammengebundenen Komposition von ursprünglich selbständigen Sagen sind 20:1-17 und 21:8-21 als Fremdkörper zu betrachten. Darin besteht bei VOLZ insofern Übereinstimmung mit den Quellenkritikern, als sie diese Stücke gewöhnlich dem «E» zuschreiben. Ich stimme auch hier VOLZ bei, muss aber dann hinzufügen, dass dieselben Gründe, die ihn dazu bewegen, diese beiden

Stücke als sekundär zu betrachten, auch bei 21:22–34 geltend gemacht werden können, welche die Quellenkritik oft auf J und «E» verteilen, VOLZ aber im Anschluss an ERDMANNS, SMEND und EISSFELDT mit Recht für einheitlich hält — und mit Unrecht dem J zuschreibt.

VOLZs Argumentierung gegen 20:1–17 und 21:8–21, die sich genau an SMEND anschliesst, ist in der Tat traditionskritischer, nicht literarkritischer Art. SMEND hat kurz aber uberzeugend nachgewiesen, dass 20:1–17 überall eine «Umdichtung» der Erzählungen in 12:10–20 und 26:7–11 «im Interesse des moralischen Monotheismus und der religiösen Würde Israels ist»; der neue Erzähler hat die beiden genannten Erzählungen zu einer zusammengezogen und den Philisterkönig Abimelek aus Kp. 26 an die Stelle des Farao aus 12:10ff gesetzt. In derselben Weise ist die Erzählung von der Austreibung der Hagar und des Ismael in 12:8–21 eine «Umdichtung» der J-Erzählung in Kp. 16. — Darin hat SMEND in der Hauptsache Recht. Irreführend ist aber hier der Ausdruck «Umdichtung». Es handelt sich hier, wie in der Regel bei traditionsgeschichtlichen Prozessen, nicht um bewusste «Umdichtung» von seiten eines Verfassers, sondern um eine Entwickelung und Änderung des Stoffes nach mehr unbewussten völkerpsychologischen Gesetzen unter dem Einfluss einer Verschiebung innerhalb der leitenden religiösen Ideen und Vorstellungen. Auch bei dieser Entwickelung spielt die bewusst schöpferische Dichterpersönlichkeit eine Rolle. Hier kann man aber keine scharfen Grenzen ziehen. Auch die Person des bewusst arbeitenden und dichtenden Erzählers handelt die ganze Zeit in einer bewussten und unbewussten Gegenseitigkeit zu dem Milieu der Zuhörer. Das Ganze geht weit irrationeller vor sich, als SMEND es sich vorgestellt hat.

Was von 20:1–17 und 21:8–21 gilt, das gilt in der Tat auch von 21:22–34 in seinem Verhältnis zu 26:12–33. Letzteres Stück gehört zu den wenigen Isaak-Überlieferungen, die alle in der Gegend um Be'erschebaɛ lokalisiert und in Kp. 26 zu einem Sagenkranz zusammengebunden sind. Dasselbe Brunnenmotiv mit der ätiologischen Deutung des Namens Be'erschebaɛ wird in 21:22–34 von Abraham erzählt. Es leuchtet ein, dass dies eine sekundäre Übertragung des Motivs von dem am wenigsten bekannten und unbedeutendsten der Patri-

archen auf den berühmtesten unter ihnen, den Stammvater und das
Ideal Abraham ist, eine Übertragung, die zugleich das Anrecht der
Abrahamnachkommen — d. h. im Munde der Erzähler: der Israeliten,
bzw. der Judäer — auf das Land um Be'erschebaε legitimieren
will. Die Hauptsache in 21:22ff ist nach der Meinung des Erzählers
der Bundesschluss zwischen Abraham und Abimelek Vv. 22-24, 32.
Diese episch recht inhaltslose Erzählung weist deutlich genug auf
20:1-17 zurück und hat kaum jemals eine Eigenexistenz ohne Verbindung mit 20:1-17 gehabt. In dieser Bundesschlusserzählung ist
das Brunnenmotiv nur ein lose angehängtes Nebenmotiv geworden,
das den Namen Be'erschebaε erklären soll. In der Isaaktradition
aber ist diese Be'erschebaε-Aition nur eins von einer Reihe von zusammengebundenen Brunnenmotiven und gibt eine Namendeutung,
die in diesen Zusammenhang hineinpasst: «Siebenbrunnen» heisst der
Brunnen, weil er der siebente Brunnen war, den Isaak und seine
Leute gruben oder entdeckten und gegen die Ansprüche der Leute
Abimeleks definitiv sicherten. In der Abrahamvariante dagegen hat
das Namen-Ation eine wenig einleuchtende und in die Situation
wenig passende Pointe erhalten: «Siebenbrunnen» wurde der Brunnen
genannt, weil Abraham sieben Lämmer als eine Gabe an Abimelek
und «einen Beweis dafür, dass ich diesen Brunnen gegraben habe»,
bei Seite stellte (V. 30). Die sekundäre Abhängigkeit der Abrahamvariante von der Isaakvariante geht aus V. 24 hervor, wo es heisst,
dass Abraham den Abimelek zur Rechenschaft wegen der Brunnen,
die seine — Abimeleks — Leute für sich genommen hatten, forderte,
ohne dass im Vorhergehenden irgend etwas von solchen Brunnenstreitigkeiten — sogar wegen Brunnen in Mehrzahl[238] — die Rede
gewesen ist; im Folgenden ist nur von *einem* Brunnen die Rede.
Die Erwähnung *der* Brunnen (Plur.), über die gestritten worden sei,
ist nur als eine recht gedankenlose Übernahme aus dem Isaaksagenkranz erklärlich. Der Berichter in 21:22-34 schöpft aus dem Isaaksagenkranz, den er unbewusst als bekannt voraussetzt, vergisst aber
dass er nichts von früheren Brunnenstreitigkeiten — oder überhaupt
von mehreren Brunnen — in der Abrahamgeschichte erzählt hat.
Die Brunnen haben den jüngeren Berichter überhaupt nur als
ein Nebenmotiv interessiert; wovon er erzählen wollte, war der
Bundesschluss zwischen Abraham und Abimelek, der die Erzählung

in Kp. 20 abrunden und das Anrecht der Nachkommen Abrahams, d. h. der Israeliten seiner eigenen Zeit, auf Be'erschebaɛ legitimieren konnte.

In Gen 20 und 21:8-34 haben wir somit eine Reihe von sekundären umdeutenden und umarbeitenden Varianten zu den Isaaksagen, die unter sich einen kompositionellen Zusammenhang bilden, die aber den Zusammenhang der von J bewusst miteinander verbundenen Reihe von Erzählungen von Abraham und seinem Sohn Isaak in den Kpp. 15; 16, 18-19; 21:1-7; 22 unterbrechen.

Es handelt sich hier somit nicht um einst selbständige, von J aufgenommene Einzeltraditionen, sondern um eine «Quelle», die in J hineingearbeitet ist, die sich aber als eine sekundäre Weiterbildung von Traditionen, die sich schon bei J fanden, verrät. Es handelt sich um Einarbeitung von sekundären Varianten der schon von J aufgenommenen Traditionen.

4.

Ähnlich liegt die Sache in *Num 32, der Erzählung von der Wohnsetzung von Ruben, Gad und Halb-Manasse im Ostjordanlande.* Ich gebe RUDOLPH darin Recht, dass es für eine Quellenscheidung, etwa wie ich sie in *GTMMM I ad loc.* oder NOTH (*Überlieferungsgeschichtliche Studien* I, S. 196 ff) vorgenommen haben, keine tragfähige Grundlage gibt. Abgesehen von etwaigen «deuteronomisierenden»[239] Zusätzen kann die Erzählung als eine Einheit genommen werden — mit einer wichtigen unten zu besprechenden Ausnahme.

Es wird hier erzählt, dass nach der Eroberung des Reiches Sichons die beiden Stämme Ruben und Gad zu Mose kamen und ihn baten, ihnen das Land zu überlassen, weil sie viel Grossvieh hatten, und das Land sich gut für Viehzucht eignete. Mose willigte unter der Bedingung ein, dass sie an der Eroberung des Westjordanlandes teilnehmen sollten, was sie auch versprachen, worauf sie in Ostjordanlande «Städte» für ihre Weiber und ihr Vieh bauten.

Als Ganzes ist dies, wie GRESSMANN nachgewiesen hat,[240] eine sekundäre Sagenbildung, keine wirkliche geschichtliche Erinnerung von einem geschichtlichen Ereignis. Rubens und Gads Reichtum an Grossvieh ist natürliche eine Folge von ihrem Wohnen im Ostjordanlande, keine Ursache dazu. Die Wohnsetzung des «halben Manassestammes» im Ostjordanlande hat, wie ältere Quellen verraten, als eine Auswanderung von dem Westjordanlande stattgefunden.[241]

Auch stilgeschichtlich zeigt sich Num 32 als eine späte Bildung. Die wirklich alten Überlieferungen von geschichtlichten, wenn auch sagenhaft ausgeschmückten Ereignissen haben die episch oder anekdotisch pointierte Form und Art der Geschichtserzählung oder der Geschichtsage. Num 32 ist eigentlich nur ein breit ausgeführtes Gespräch, traditionsgeschichtlich betrachtet ungefähr von derselben Art wie Gen 23. Die Absicht der Sagenbildung ist, eine ätiologische Erklärung eines bestehenden Zustandes zu geben: das Wohnen der 2½ Stämme im Ostjordanlande, während die Israeliten sonst im Westjordanlande sassen; im Hintergrunde steht auch die Tatsache der loseren Verbindung der Oststämme mit den anderen Stämmen; man hört förmlich, wie der Erzähler die Oststämme an ihren verpflichtenden Zusammenhang mit dem übrigen Israel erinnern will. Num 32 ist keine wirkliche völkische Sage; sie ist eine «gelehrte» Schöpfung derselben Art wie die theologisch-gelehrte Legende in Josv 22.

Gegen Ende des Kapitels steht aber ein Stück anderer Art: Vv. 39–42, oder genauer, wie wir unten sehen werden, 39, 41, 42. Hier hören wir in der kurzen notizartigen Form, die offenbar eine Überlieferung geschichtlicher Art deckt, dass «Makir, Sohn des Manasse — d. h. der manassitische Klan Makir — nach Gilead zog und die Amoriter vertrieben und sich dort ansiedelte», weiter von dem Sohn des Makir, Ja'ir, der die Ja'ir-Zeltstädte gründete, und von der manassitischen Eroberung des Nobachgaues. Diese Mitteilung ist mit der vorhergehenden Erzählung unvereinbar. Wenn die Israeliten schon unter Mose die Amoriter östlich des Jordans ausgerottet hatten, so brauchte Makir nicht «die dort wohnenden Amoriter» zu vertreiben. Der ursprüngliche Sinn der Notiz ist offenbar, dass die Manassiten von ihren Wohnstätten im Efraimsgebirge nach Gilead «hinaufzogen» und dort neue Wohnstätten eroberten.

Wir haben es somit hier mit einer Zusammenstellung von zwei ursprünglich selbständigen «Überlieferungen» zu tun, die sich eigentlich mit demselben Thema beschäftigten, der israelitischen Wohnsetzung im Ostjordanlande. Es handelt sich aber nicht um ein Zusammenwachsen auf der mündlichen Stufe der Überlieferung, sondern um eine bewusste Zusammenknüpfung zweier fertiger Überlieferungen. Das beweist V. 40. Sachlich ist dieser Vers eine Wiederholung von V. 34, sieht aber die Sache von einem anderen Gesichtspunkt: in V. 39 «Makir zog hinauf und nahm», in V. 40 «Moses gab dem Makir». Jeder frei formende Erzähler würde hier, wenn er zwei derartig abweichende Mitteilungen gefunden oder erhalten hätte, V. 40 vor V. 39 gestellt haben: Mose gab, und danach zog Makir hinauf und nahm in Besitz. V. 40 ist ein «redaktioneller» Zusatz, der Vv. 39, 41, 42 mit der vorhergehenden Erzählung verbinden soll.

Fragen wir, welche von diesen beiden Überlieferungen dem J zugehört, so muss die Antwort lauten: Vv. 39, 41, 42. Das geht u. a. aus ihrer gattungsmässigen und stilistischen Verwandschaft mit den Landnahmenotizen und Anekdoten, die wir in Ri 1 und sonst zerstreut im Josuabuche finden, die ich, trotz NOTH, mit der älteren Kritik dem J zuschreiben muss.[242] Die vorhergehende Erzählung in Nu 32 zeigt nichts von der ideologischen und stilistischen Art des J. Der alte Kern des Kapitels sind eben die Vv. 39, 41, 42; der Rest ist später hinzugekommen.[243]

Man kann fragen, ob die Legende einige den Vv. 39, 41f entsprechende J-Notizen über Ruben und Gad verdrängt habe. Das ist sehr wohl möglich und sogar wahrscheinlich. Das würde jedenfalls erklären, warum die Legende vor V. 39 eingeschaltet ist. Reste dieser J-Notizen könnte man in Vv: 1*, 4f, 34–38 finden.

Das, worauf es für unser Thema ankommt, ist, dass hier der alte J-Bericht durch die Einschaltung einer grösseren Erzählung erweitert worden ist, die selbst nur eine sekundäre theologisch-legendarische Weiterspinnung der von J gebotenen Geschichtsmotive ist.

## 5.

Es folgen hier auch einige Bemerkungen zu Gen 15, wo die klassische Quellenkritik die ersten Spuren von «E» findet — merkwürdig genug, denn wenn es erst einen «E» gegeben hat, so sollte man erwarten, dass die Quellenkritiker alle Segel gesetzt hätten, um die elohistische

Vorgeschichte Abrahams, die gegebenenfalls existiert haben *muss*, zu finden.[244] Gegen die übliche Quellensheidung in Gen 15 haben sowohl STAERK wie VOLZ sich gewendet,[245] und auch hier mit entscheidenden Gründen. Beide bauen bei ihrer Antikritik auf die Beobachtung, dass Vv. 1–6 und Vv. 7ff nicht, wie GUNKEL u. a. denken, ein zusammenhängendes Stück bilden, sondern, wie schon WELLHAUSEN behauptet hat, zwei verschiedene Berichte von einer Offenbarung vor Abraham sind, der erste in dem Versprechen eines Leibeserben gipfelnd, der zweite in dem Versprechen des künftigen Besitzes des Kanaanlandes. Keiner von diesen Berichten gibt zu einer Aufteilung in parallele Quellen irgendwelchen Grund.

Zwar übertreiben sowohl STAERK wie VOLZ die Selbständigkeit der beiden Stücke, wenn sie sie für zwei ursprünglich selbständige Erzählungen erklären. Man kann nämlich nicht umhin, etwas Richtiges in GUNKELs Ansicht zu finden, dass Vv. 1–6 so kurz und so jeden epischen Inhalts bar sind, dass das Stück kaum jemals eine selbständig existierende Überlieferung gewesen sein kann. Zwar können keine generelle Regeln für den Umfang etwa einer selbständig existierenden Anekdote aufgestellt werden. Dass aber 15:1–6 keine *Erzählung* derselben Art wie die anderen Patriarcherzählungen ist, muss einfach zugegeben werden. Das Stück ist eben keine völkische Erzählung, die selbständig herumgelaufen haben könnte, wie etwa die Hebronerzählung, die Hagarerzählungen und so viele andere der Genesiserzählungen. Der Inhalt ist theologisch-reflektierend, eine «Überlieferung», die die Existenz wirklicher erzählender Traditionen voraussetzt, eine theologische, d. h. eine später entstandene «Tradition». Sie hat keine Eigenexistenz, sie ist aus theologischen Reflektionen über die existierenden Abrahamerzählungen entstanden und hat ihre Existenz nur in Verbindung mit etwas Anderem, als Einleitung oder Übergang zu etwas Anderem. Fragt man, was dies Andere gewesen sein mag, so liegt die Antwort auf der Hand: eine Erzählung von der Geburt Isaaks.

Es lässt sich aber auch nicht leugnen, dass 15:1–6 *sachlich* eine Parallele zu 15:7ff ist. Sachlich ist das Versprechen, «das Land zu erben», dasselbe wie das Versprechen eines Leibeserben. Nun ist auch 15:7ff in der Tat keine Erzählung im folkloristischen und gattungsgeschichtlichen Sinne dieses Wortes. Es *geschieht* eigentlich nichts. Eine bundesstiftende oder -stärkende Opferhandling wird vorgenommen und in Verbindung damit ein Orakel verheissenden Inhalts gegeben. Das liesse sich hören, wenn wir es mit einem Heiligtumsaition, einer Stiftungssage einer bestimmten Kultstätte zu tun hätten; das Stück ist aber eben kein Kultstätteaition, das in die Nennung eines konkreten Ortes und die Erklärung des Namens desselben hinausläuft; es wird überhaupt keine konkrete Stätte des Ereignisses genannt — auch das ist ein Indizium dafür, dass das Stück traditionsgeschichtlich sekundär ist. Auch dies Stück ist aus derselben theologischen Reflektion entstanden wie Vv. 1–6. Es deutet auf die anderen Abrahamsagen, besonders auf die Geburtssage Isaaks, und auf den Aufenthalt Israels in Ägypten und den Auszug davon hin. Es ist zwar ganz richtig, wenn VOLZ hervorhebt, dass das Stück hinsichtlich Färbung und Aufbau der Szene viel konkreter als 15:1–6 ist und auch nicht die religiöse Höhe von V. 6 erreicht. Nach seiner literarischen Art aber ist es genau so theologisch-reflektierend wie Vv. 1–6 und traditionsgeschichtlich ebenso sekundär wie diese, wenn auch theologisch älter. — 15:7ff ist somit sowohl nach seiner «literarischen Art» wie nach seiner kompositionellen Funktion genau derselben Art wie 15:1–6, eine Überleitung zu etwas Anderem, zu den folgenden Abrahamerzählungen. Wir haben somit in Gen 15 zwei verschiedene, traditionsgeschichtlich aber wesensgleiche sekundäre Überleitungsstücke, das erste etwas jünger als das zweite. Sollte man hier mit der üblichen Quellenscheidung operieren, so würde man 15:1–6 dem «E» und 15:7ff dem J zuschreiben müssen.

Nun könnte man natürlich in 15:7ff das ursprüngliche Überleitungsstück des J sehen und 15:1–6 als einen späteren Zusatz betrachten. — Warum sollte aber jemand diesen Zusatz frei von sich aus gemacht haben? Notwendig im Zusammenhang ist das Stück nicht, und etwas Neues fügt es nicht zu dem Folgenden hinzu. Derjenige «Redaktor», der das Stück hier einfügte, muss es irgendwo vorgefunden haben, sei es in mündlicher, sei es in schriftlicher Überlieferung. Isoliert kann es aber, wie oben ausgeführt, nicht existiert haben. Der «Redaktor» muss es als Einleitung zu den folgenden Abrahamerzählungen von Isaaks Geburt usw. vorgefunden haben, — somit eben in der Funktion, die es jetzt hat.

Das kann aber kaum etwas Anderes bedeuten, als dass es zwei parallele Erzählungskomplexe von diesen Begebenheiten existiert haben, die hinsichtlich ihrer respektiven Einleitungen so viel von einander abwichen, dass ein Späterer es richtig gefunden hat, den Bericht des J hier mit der abweichenden Einleitung zu supplieren, die aber beide in der Fortsetzung einander so ähnlich waren, dass J hier keine Supplierung nötig hatte. VOLZ hat nämlich darin unbedingt Recht, dass in den folgenden «JE»-Erzählungen keine Spuren von einem «E» zu finden sind.

### 6.

Wir wollen auch einen Blick auf den *Landnahmebericht* in Josv 2–11 werfen. Oben (S. 49) wurde darauf hingewiesen, dass wir in Ri 1 das ursprüngliche «Schlusskapitel» der Saga des J haben. In sachlichem und literarischem Zusammenhang mit dieser Übersicht der Resultate der Landnahme stehen auch einige J-Notizen in Num 32, vor allem 32:39,41–42, und im Josuabuche 11:13; 13:13; 15:13*, 14–19; 15:63; 16:10; 17:13,14–18; 19:47G; (24:29f,32f).[246] J hat keine *Geschichte* der Landnahme geschrieben; dazu fehlte ihm jede geschichtliche Tradition; zu seiner Verfügung hat er nur ein paar ätiologische Anekdoten über einzelne Stämme, wie die Verbreitung der Manassiten nach Norden und Nordosten, oder Klane wie Kaleb und ᵋOtniel gehabt. Was er gegeben hat, ist eine geographisch geordnete Übersicht über die Resultate der Landnahme: wo die einzelnen Stämme sich angesiedelt hatten, und welche der kanaanäischen Städte sie nicht zu erobern vermocht hatten — d. h. in der Tat die meisten davon[247] —, die aber später, «als Israel stark wurde», eingegliedert worden waren; dass er damit vor allem auf die Konsolidierung des Reiches unter David dachte, dürfte evident sein.

Die ältere Literaturkritik hat fast einstimmig angenommen, dass der Verfasser des deuteronomistischen Geschichtswerkes in Josv 1–11 in allem Wesentlichen auf eine ältere Quelle baut, in der man den zusammengearbeiteten JE findet. Auch NOTH, der hier die Quellen J und E nicht anerkennt,[248] ist der Ansicht, dass der Deuteronomist hier eine schon vorliegende «Josuageschichte», eine von einem

«Sammler» verfasste Sammlung von «Heldenerzählungen» und «ätiologischen Sagen» benutzt und sich wesentlich daran gehalten hat. So weit besteht Meinungsübereinstimmung. Diese Traditionsbildung lag nach NOTH als ein nach vorn und nach hinten formal abgerundetes eigenes «Buch», oder, wie er sagt, «in literarisch fester Form» vor.[249] Über die redaktionellen Eingriffe des Deuteronomisten in die vorliegende «Sammlung» kann man im grossen Ganzen NOTH beistimmen.

Über die «literarische» Art und den geschichtlichen Wert jener «Traditionen» stimme ich mit NOTH in allem Wesentlichen überein.[250] Es handelt sich vor allem hier eben um ätiologische Sagen,[251] die später in Verbindung mit Josua gesetzt worden sind. Daraus ist die ganze vordeuteronomistische «Eroberungsgeschichte» gebildet worden.

Wenn es aber richtig ist, dass wir in Ri 1 und den damit zusammenhängenden Notizen die Übersicht des J über die Resultate der Landnahme haben, so ist es auch evident, dass die vordeuteronomistische Eroberungsgeschichte auf J gebaut hat, oder genauer ausgedrückt: sich in Anschluss an J's Bericht gebildet hat.

Wie ich in *GTMMM* II nachgewiesen habe, ist aus der geographisch geordneten Übersicht über die Resultate der Landnahme eine in derselben Reihenfolge, Mittelpalästina, Südpalästina, Nordpalästina, geordnete Eroberungsgeschichte mit drei Hauptschlachten: bei Haeai, bei Gibeon und bei der Meromquelle geworden,[252] die offenbar dazu bestimmt war, den älteren J-Bericht zu ersetzen. Was sich aus wirklich geschichtlichen Erinnerungen in dieser Geschichte erhalten hat, sind nur die Überlieferung von einem Zusammenstoss zwischen den Israeliten und Adonisædæq[253] bei Bæsæq (Josv 10:1f mit 1:5–7 verglichen) und von einer Schlacht bei der Meromquelle gegen König Jabin von Chasor, die in der schliesslichen Eroberung von Chasor resultierte (Josv 11:7–9, 13). Beide diese Begebenheiten haben aber erheblich später als Josuas Zeit stattgefunden. Was Adonisædæq von Jerusalem betrifft, so setzt die weit nördlich gelegene Schlachtstelle Bæsæq — Ras ibziq — voraus, dass Adonisædæq der Angreifer (der Efraimiten) war; die Kämpfe mit Jabin von Chasor haben nach Ri 4f in der späteren Richterzeit, nach der Konsolidierung der 10-Stämmeamphiktyonie stattgefunden.[254]

Nun ist diese spätere Eroberungsgeschichte mit der älteren Übersicht des J zusammengearbeitet worden, oder genauer: Stücke aus der letzteren (S. 107) sind in die erstere hineingeschoben worden, wo sie meistens sehr schlecht hineinpassen. Dazu ist der Hauptteil von J's Übersicht in Ri 1 als Abschluss der ganzen Eroberungsgeschichte gestellt,[255] wozu er so schlecht wie nur möglich passt.

Dass in Josv 2-11 eine Zusammenflechtung eines (jüngeren) Berichtes mit der ältere Vorlage des J stattgefunden hat, geht m. A. n. aus der *Kundschafter- und Jerichosage* in Kpp. 2 und 6 hervor — wo auch die ältere Kritik fast einmütig die Quellen J und «E» gefunden hat. — Die Kundschafter- oder Rahabsage Kp. 2 ist zwar an sich einmal ein selbständiges Sagenmotiv gewesen, und zwar ein ätiologisches; wie HÖLSCHER nachgewiesen hat, will sie ursprünglich die Erklärung davon geben, dass noch in israelitischer Zeit in Jericho ein Hierodulengeschlecht kanaanäischen Ursprungs lebte,[256] das vielleicht mit der alten Kultstätte Gilgal verknüpft war. In dem jetzigen — vordeuteronomistischen — Zusammenhang hat aber die Rahabsage nur als Einleitung zu der Jerichosage irgendwelche Bedeutung. Dann fallen aber zwei nicht hinwegzuerklärende Züge in die Augen. Erstens, dass so wie die «Eroberung» von Jericho in der vorliegenden Gestalt stattfindet, diese Einleitung und die ganze Auskundschaftung der Stadt total unnotwendig ist. Wenn die Stadt dadurch genommen werden soll, dass die Israeliten sie 7 Tage lang in kultischer Prozession umwandeln, die «machtvolle Lade» an der Spitze und die Priester dabei in die magisch wirkenden heiligen Posaunen blasend,[257] bis die Mauern umstürzten, so ist es völlig unnötig, die Stadt im voraus auszukundschaften. Kp. 6 deutet dann auch mit keiner Silbe an, dass die Israeliten irgendwelchen militärischen Nutzen von dem Besuch der Späher bei der Hure gehabt hätten. Die Rahabsage hat ihre Form erhalten mit einer ganz anderen Fortstzung vor Augen als der jetzigen. Noch in der vorliegenden Form der Rahabsage scheint es hindurch, dass ihre Pointe war, dass dank der Hilfe des Rahab die Stadt durch Verrat genommen wurde; der rote Faden an dem Fenster der Rahab — das über die Stadtmauer heraufragt und nur ausserhalb der Mauer gesehen werden kann! — sollte offenbar die Stelle anzeigen, wo die erste Truppe der Eroberer in dem Dunkel der Nacht ungesehen hinaufklettern und von hinten über die Torwache herfallen konnte. Eine Spur aber von einer nachfolgenden Erzählung von einer militärischen Eroberung der Stadt — und das ist der zweite in die Augen fallende Zug — hat sich in Kp. 6 erhalten, nämlich in dem Vers 25. Ich sehe auch keinen Grund, warum man nicht auch das altertümliche Motiv in V. 26 zu diesem älteren Bericht rechnen sollte; es weht in diesem Motiv eine ganz andere Luft als in der recht geistlosen priesterlichen Legende. Zu dem älteren Bericht gehören somit die Hauptmasse von Kp. 2 und die Verse 6:25 f. Er hat von einer wirklichen Eroberung Jerichos erzählt.

Nun darf man getrost behaupten, dass, wenn J überhaupt von dem Übergang über den Jordan und dem ersten Habhaftwerden eines Stückes des verheissenen Landes erzählt hat, er auch die alte Tradition von der Eroberung Jerichos mitgeteilt hat. In jenem älteren Bericht ist somit mit grösster Sicherheit J zu erkennen.

Mit diesem ist aber eine jüngere, in der Tat rein legendarische Erzählung redaktionell zusammengearbeitet worden. Der Hauptteil derselben war die jetzt vorliegende prissterliche Legende in Kp. 6. Sie hat aber auch als Einleitung eine (verkürzte?) Variante der Rahabsage beibehalten, obwohl diese jetzt eigentlich ganz unnötig war und nur äusserlich mit der Legende verbunden blieb. Die nicht wenigen Doubletten und Wiederholungen in Kp. 2 deuten in der Tat darauf, dass die jüngere Form auch hier vertreten ist; wie man die beiden Varianten literarisch von einander trennen will, bzw. kann, ist dabei von untergeordneter Bedeutung. Jedenfalls ist die jüngere Legende in den älteren Bestand literarisch hineingearbeitet worden in einer Weise, die eine Analogie zu den oben behandelten Stellen, an denen J später von Doubletten ergänzt worden ist, bietet.

Dies ist offenbar nicht das Werk des deuteronomistischen Sagaschreibers gewesen. Die Eroberungsgeschichte in Josv. 2–11 ist von ihm vorgefunden worden — darin haben die ältere Kritik und NOTH vollständig recht. Das wird auch von der ebenfalls aus J stammenden Notiz in 11:13 bestätigt, die jetzt wie ein erratischer Block mitten in dem legendarischen Bericht von der Schlacht bei der Meromquelle steht.[258]

Die hier angestellten Erwägungen gelten keinen neuen Beobachtungen, sondern altbekannten Feststellungen. Diese sind aber hier nicht vom Gesichtspunkt einer vorgefassten Zweiquellentheorie, sondern von traditionsgeschichtlichem Gesichtspunkt gesehen. Unsere Betrachtungen haben aber in diesem Falle literargeschichtliche Konsequenzen. Wir haben in Jos 2 und 6 eine Kombination von zwei Varianten der Jerichosage; sie ist in der Weise vorgenommen, dass als Einleitung der erste einleitende Teil der älteren Variante, mit einigen Retuchierungen nach der jüngeren, benutzt ist, als Hauptteil ist aber der Hauptteil der jüngeren, legendarischen, dem Geschmack der späteren Zeiten mehr entsprechenden Variante, von einem losgerissenen Motiv aus der älteren abgeschlossen, benutzt. Das ist nicht die Art und Weise der mündlichen Traditionsentwickelung, sondern die eines literarisch arbeitenden «Redaktors» oder «Verfassers», der beide Varianten «vor sich» gehabt hat.

So liegt bei dem ganzen Landnahmebericht in Jos 2–11 derselbe Fall wie bei den anderen oben behandelten Stücken aus J vor: der alte J-Bericht ist mit einer jüngeren, im grossen Ganzen sekundären, sachlich parallelen Überlieferungsvariante zusammengearbeitet worden. Es ist eigentlich ein Wunder, dass bei dieser Entwicklung der Tradition die alte Übersicht des J in Ri 1 erhalten worden ist.

## C. *Ergebnisse.*

Welche *Konsequenzen* hinsichtlich des J–E–Problems sind nun aus den obigen Beobachtungen und Erwägungen zu ziehen?

### 1.

Es hat sich in mehreren Punkten, zum Teil auf längeren Strecken gezeigt, dass J mit Stücken von eingearbeiteten parallelen Berichten von denselben Begebenheiten, die aber nicht wenige sachliche und ideologische Abweichungen aufweisen, erweitert worden ist. Gemeinsam für alle diese hinzugekommenen Stücke ist, dass sie traditionsgeschichtlich jünger, z. T. ganz sekundär im Verhältnis zu den entsprechenden Erzählungen oder Erzählungskomplexen des J sind. Gemeinsam sind ihnen auch weit mehr fortgeschrittene religiöse und moralische Vorstellungen.[259] Dass Hagar wirklich als schwangere Frau aus der Heimat vertrieben und Abrahams Sohn Ismael in der Wüste geboren wurde, dass Abraham wirklich gelogen hätte, dass Sara wirklich in das Harem Faraos aufgenommen worden sei, dass Abraham ein Bundesmahl zusammen mit dem unbeschnittenen Philister Abimelek gehalten hätte, das Mose und die Ältesten Israels wirklich leiblich «vor Jahwe» gegessen und getrunken und andere Leute als der Ausnahmemensch Mose Jahwe Antlitz zu Antlitz gesehen hätten, dass die Bundesbedingungen nur aus den Geboten in Ex 34 bestanden hätten, dass Gott nötig gehabt haben sollte, durch den Mund der Eselin zu reden — das Alles war für die spätere Traditionsbildung unannehmbare Vorstellungen. Traditionsgeschichtlich und idéegeschichtlich stehen die oben behandelten Traditionen, die als besonders deutliche Beispiele herangezogen sind und sich wohl vermehren lassen könnten, auf derselben Linie. Im grossen Ganzen handelt es sich hier um Stücke, die gewöhnlich dem «E» zugeschrieben werden.

In einer Reihe von anderen längeren Abschnitten dagegen ist es nicht möglich gewesen, zwei parallele Quellen zu finden und eine durchlaufende Quelle «E» zu konstatieren.

Was bedeutet nun das?
a. Erstens, dass es keine genügenden Gründe gibt, eine auf die ganze Strecke Genesis — Numeri mit dem J parallel laufende, durchgehende und in sich zusammenhängende Quelle «E» zu konstatieren, die dieselben Stoffe wie J in derselben Reihenfolge, teilweise aber in einer abweichenden Redaktion und mit einigen Sonderstoffen bereichert, enthält, andere J-Stoffe aber ausgelassen hat. *Eine «Quellenschrift» E im Sinne der traditionellen Quellenkritik, geschweige denn ein «nordisraelitisches Sagenbuch, die Elohimsquelle»* (PROCKSCH), *kann nicht nachgewiesen werden.*

b. Zweitens, dass die *von J gesammelten* und für seine Frühgeschichte Israels bearbeiteten und aufgeschriebenen *Stoffe ihr mündliches Leben fortgesetzt haben.* Das ist offenbar in Verbindung mit den Heiligtümern, dem Kultus, den Festen und dem Volksleben, bei demselben

«Sitz im Leben», wo sie immer gelebt hatten, geschehen. Das waren eben die Gelegenheiten, bei denen die berufsmässigen Erzähler und Dichter — die mošelim — die lauschenden Scharen um sich sammelten und die alten Geschichten immer wieder lebendig machten.

Dass ein Stoff, eine Erzählung, eine Überlieferungsmasse lebt, das bedeutet, dass sie sich ändert und entwickelt nach den psychologischen und artistischen Gesetzen der Traditionsgeschichte,[260] unter dem Einfluss der religiösen, moralischen, soziologischen und kulturellen Kräfte und Interessen, die überhaupt das Leben und Wachsen und Wechseln der Tradition bestimmen. Trotz aller Festigkeit ist eine lebendige Tradition immer in Bewegung und innerhalb gewisser Grenzen immer einer «Modernisierung» ausgesetzt, die sowohl materielle Einzelheiten wie die ideologische, religiös-moralische Gesamthaltung betrifft. Im ersteren Falle kann sie sich etwa in Anachronismen äussern, wie wenn z. B. Abraham ein Zeitgenosse eines Philisterkönigs wird, oder wenn schon die Patriarchen gezähmte Kamele besitzen. Im zweiten Falle äussert sie sich etwa darin, dass rohere und primitivere religiöse und moralische Vorstellungen verfeinert und veredelt werden; nicht Jahwe selber, sondern seine «Engel» erscheinen; der Kampf Jakobs mit dem Flussdämon an der Jabbokfurt wird als ein geistiger «Gebetskampf» gedeutet, usw.

In diesem Sinne haben auch die von J aufgezeichneten Traditionsstoffe ihr mündliches Leben weitergeführt. Trotzdem aber sind sie von J entscheidend beeinflusst worden. In allen den oben behandelten Fällen hat es sich gezeigt, dass die jüngere Variante als eine Weiterentwickelung des Stoffes so zu sagen innerhalb des Rahmens der von J gegebenen Grundanschauung und von ihm geschaffenen Gesamtanschauung des aus den Stoffen gebauten Geschichtsbildes hervortreten. Die Traditionen haben weiter gelebt als Teile derselben Komposition und grösseren Einheiten, die J geschaffen, oder wenigstens mit seiner persönlichen Form gestempelt hatte. Auch die weiterlebende mündliche Tradition ist von dem Sagabuch des J beeinflusst worden, sowohl positiv wie negativ, indem sie zum Teil ihre neuere Formung in Abstandnahme und Korrektur von der Formung bei J erhalten hat.

Zu diesem Nebeneinanderleben von geschriebenem Bericht und sich weiterentwichelnder Tradition von denselben Ereignissen bietet auch die eisländische Sagaliteratur Analogien. Ich nenne hier ein Beispiel. Die späte Hönsa-Tores Saga hat als ihr Fundament Begebenheiten, die in Are Frode's Islendingabok aufgezeichnet sind; «die Tradition hat sich aber unabhängig von Are und sich von ihm entfernend entwickelt».[261] Dies ist offenbar nicht der einzige Fall in der eisländischen Sagaliteratur.

In den erweiterten J sind nun, soweit wir sehen können, *keine Traditionsstoffe, die nicht in einer ursprünglicheren Form dem J bekannt gewesen sind, hineingekommen*. Das ist erst in der Landnahmegeschichte geschehen, wo das ganze Bild der Vorgänge in der vordeuteromistischen «Quelle» legendarisch, und dennoch in seinem Aufriss von Js Schema bestimmt ist.[262] Was den Pentateuch betrifft, so hat J, scheint es, die wirklich alte Traditionsmasse ausgenutzt; nichts Altes scheint in den Zusätzen zu J hinzugekommen zu sein. *Neue Bildungen sind aber auf der Grundlage des von J gesammelten und kombinierten Stoffes entstanden.* Ein deutliches Beispiel bietet die jüngere Sinaibundersählung. Zwei J-Erzählungen mögen mitunter zu einer geworden sein; aus einem einzelnen Motiv in einer J-Erzählung kann sich eine eigene Geschichte entwickelt haben. — Mit Recht dürfen wir sagen, dass die neue Traditionsformung auf der ganzen Strecke von J abhängig ist und auf J baut. — Insofern behalten diejenigen Forscher[263] Recht, die früher behauptet haben, dass «E» keine selbständige Paralleltradition neben J und parallel mit diesen aus einer älteren «Urform» entstanden, gewesen ist. Und damit fällt auch die beliebte Ansicht, dass «E» eine «nordisraelitische» Bearbeitung einer «Urquelle» gewesen sei, weg. Dafür hat man überhaupt keine anderen Gründe geben können, als den, dass so viele der «E»-Erzählungen in Nordisrael lokalisiert sind; jede echte israelitische Tradition ist aber letzten Ursprungs nordisraelitisch, weil Israel ursprünglich nur aus «Nordisrael» bestanden hat.

Jene jüngere Traditionsbildung ist somit eben eine echte tradtionsgeschichtliche Grösse, im Laufe eines traditionsgeschichtlichen Prozesses entstanden. Sie ist nicht das Werk eines einzelnen «Verfassers», der noch einmal den Stoff gesammelt oder die Sage des J planmässig bearbeitet hätte.[264] *Sie ist das Werk einer mündlichen Überlieferung mehrerer Jahrhunderte*. Die einzelnen Erzählungen haben nicht zu gleicher Zeit ihre jüngere Form, wie wir sie kennen, erhalten. Diese sind aber der Ausdruck einer bestimmten Entwickelungslinie in der Religion und dem Geistesleben Israels.

Diese Weiterentwicklung der von J gesammelten Traditionen ist der richtige Kern der Theorie von einer «Quelle» oder einem «Verfasser» «E», dem «Elohisten». Dieser Name ist und bleibt aber recht unglücklich. Wie sowohl VOLZ wie RUDOLPH gezeigt haben, ist der Gebrauch des Gottesnamens Elohim statt Jahwe in keiner Weise für die jüngere Tradition — bei den genannten: die jüngeren Erweiterungen von J — charakteristisch, wie sie auch gezeigt haben, dass J nicht selten den Namen Elohim verwendet, und jedenfalls oft in einer bestimmten Absicht.

Das schliesst aber nicht aus, dass die jüngere Tradition gewisse lexikalische Eigenheiten neben J haben kann, wenn auch keine von diesen Unterschieden als Exklusionskriterien verwendet werden können. So sind wohl aber die sprachstatistischen «Isoglossen» etwa bei HOLZINGER, *Einleitung in den Hexateuch*, auch nicht gemeint.

Die jüngere Traditionsbildung spiegelt, wie gesagt, gewisse Entwickelungstendenzen in der israelitischen Religion. Insofern kann man auch von einer «Theologie» dieser Traditionsform reden und von HÖLSCHERs Darstellung von der Theologie des «E» lernen.

c. Drittens geht aus den obigen Untersuchungen hervor, dass *Teile von dieser jüngeren Traditionsentwickelung stellenweise in J hineingearbeitet worden sind*. Ob das auf einmal oder allmählich geschehen ist, lässt sich kaum sagen. Ich neige dazu, die letztere Annahme vorzuziehen. Man kann sich aber auch leicht vorstellen, dass irgend ein gelehrter Schreiber einmal das Bedürfnis einer «revidierten» Ausgabe von J empfunden und sich vorgenommen hat, das, was in seinen Kreisen schon «Tradition» geworden war und seine Form erhalten hatte, in das ehrwürdige Buch des J hineinzuarbeiten und ihm dadurch eine «richtigere» Deutung zu geben.

So könnte man, wenn man Symbole benutzen will, von einem $J^1$ und einem $J^2$ reden. Da aber diese Siglen schon von den Quellenkritikern in einem anderen Sinne verbraucht sind, so konnte man eher — nach einem Vorbild in der Konfessionsgeschichte — von Jahvista invariatus und Jahvista variatus reden, oder kurz: von J und $J^v$.

Es darf hier bemerkt sein, dass obige Lösung der J-E-Frage von dem gegenwärtigen Verfasser schon in 1930 angedeutet worden ist.[265]

2.

Die Frage meldet sich: ist diese erweiternde Revision von J *mündlich oder schriftlich* vor sich gegangen?

Ursprünglich gewiss mündlich. Die ganze Weiterentwickelung der Traditionsmasse ist ein Resultat der Überlieferung. So ist es gewiss manchmal geschehen, dass *ein* Erzähler den ganzen Stoff in der Form des J erzählt hat, während ein anderer diese oder jene Geschichte «modernisiert» hat. So wird J bald in mehreren «Rezensionen» existiert haben. Die Tendenz ist in die Richtung einer umfassenderen Revision bestimmter Partien der Saga gegangen, besonders natürlich derjenigen, die sich mit Kultus und religiösen Grundpflichten beschäftigen, wo es eben galt up to date zu sein. Das gilt vor Allem auch von Gestalten, in denen die religiös-moralischen Ideale zum Ausdruck kamen, wie Abraham und Mose. So sehen wir, dass diese beide nach dem Ideal des Propheten retuschiert und beide geradezu *nåbi'* genannt werden.[266] Auch die jüngere Bileamgestalt ist nach dem Vorbild des israelitischen Prophetismus gezeichnet, wie auch die jüngere Tradition aus dem Seher-Priester Samuel einen Nabi gemacht hat.

Dass diese oder jene Geschichte in der jüngeren Form manchmal auch aufgeschrieben worden ist, etwa als Übungsstück in der Schreiberschule, kann man sich leicht vorstellen. Es ist wohl auch vorgekommen, dass ein Schreiber, der die Saga des J abschreiben wollte, dabei diese oder jene Geschichte nach seinem vermeintlich besseren Wissen suppliert hat und dabei die jüngere Version in die ältere hineingearbeitet hat.

Das hat natürlich dazu beigetragen, dass auch die jüngeren Versionen in dem führenden literarischen Kreise, d. h. ohne Zweifel in Jerusalem, ihre feste, traditionelle Form fanden, die als nicht weniger autoritativ galt als das Geschriebene.

Dies wird die Lage gewesen sein, als sich derjenige Verfasser fand, der sich dazu berufen fühlte, die Sage des J in revidierter Gestalt zu schreiben, unter Berücksichtigung aller ihm zugänglichen «Quellen», geschriebenen oder ungeschriebenen.

Dass sich auch geschriebene darunter fanden, geht m. A. n. recht deutlich aus der Zusammenarbeitung des Komplexes Ex 19–24; 32–34 hervor. Die Umstellung von gewissen Sätzen, wie in 34:4–8, die Hinzufügung von einzelnen Worten, wie in 34:1f, scheint mir am besten erklärlich, wenn der «Redaktor» nach Manuskript gearbeitet hat. Ein Indizium scheint mir auch in dem isolierten Satze 19:13b zu liegen, der gar nicht in seiner jetzigen Umgebung hineinpasst. Wir bekommen den Eindruck, dass es gegolten hat, ihn irgendwo zu unterbringen, so gut oder so schlecht es ging. Das deutet auf eine schriftliche Vorlage, von der der Redaktor sich gebunden gefühlt hat, alles zu benutzen, was nur angebracht werden konnte.

Wenn man aber mit NYBERG ein anschauliches Bild von dem Wesen und Wirken der mündlichen Überlieferung und von der orientalischen Wertung des überlieferten Wortes erhalten hat, so ist man geneigt zu meinen, dass die Frage: mündliche oder schriftliche Vorlagen von geringerer Bedeutung ist.

### 3.

In Diskussionen über Probleme der alten Geschichte oder Vorgeschichte Israels stösst man nicht selten auf die Behauptung einer «doppelten» oder gar «dreifachen Bezeugung» dieser oder jener Überlieferung. Damit meint man, dass diese von J und E und mitunter auch von P bezeugt ist. Diese «mehrfache Bezeugung» wird meistens in apologetischer Absicht vorgeführt. Die Voraussetzung ist dabei, dass «E» eine selbständige, von J unabhängige Darstellung der «Urtradition» sei.

Nun, auch wenn das der Fall wäre, so hätten wir auch dann streng genommen nur einen Zeugen, nämlich jene behauptete «Urtradition», aus der sowohl J wie auch «E» geschöpft haben sollen. Das scheint man mitunter vergessen zu haben. So schreibt ALBRIGHT, dass bezüglich der Patriarchtraditionen: «J and E *must* reflect two recensions of an original epic narrativ, the nucleus of which had *presumably* been recited by Hebrew rhapsodists before the Exodus».[267]

Dagegen ist einzuwenden, erstens: wir kennen überhaupt keine die ganze Tradition umfassende Darstellung von der Vor- und Frühgeschichte Israels älter als J. Wenn auch J nicht «die Anfänge israelitischer Geschichtsschreibung» (HÖLSCHER) vertritt, so darf man ihm nicht die Ehre rauben, der erste Verfasser einer Vor- und Frühgeschichte zu sein.

Und zweitens: es ist möglich, dass das von J zitierte «Buch der Braven», bzw. «Buch der Kriege Jahwes», ein zusammenhängendes Nationalepos gewesen ist;[268] nach den bewahrten Zitaten scheint es aber nicht die Ereignisse vor Exodus und Landnahme behandelt zu haben.

Und drittens: einen berufsmässigen Stand von Rhapsoden bei den paar Tausend Kleinviehnomaden — εanize-Nomaden — in Goshen vorauszusetzen, ist wenigstens sehr gewagt. Solche Rhapsoden, wie wir sie am besten aus der mykenischen, vorhomerischen Kultur kennen,[269] setzen wenigstens etwas von Fürstenhöfen oder Häuptlingssitzen und einer besitzenden Oberklasse voraus, an denen sie das notwendige Brot verdienen und die Ehre erwerben können, die ihre Existenz möglich macht. So liegt weder für ALBRIGHTs «must» noch für sein «presumably» der geringste Beweis vor.

Die traditionelle kritische Auffassung von dem Verhältnis zwischen J und «E» voraussetzend meint ALBRIGHT, die Beweiskraft des «doppelten Zeugnisses» verstärken zu können «in view of the principles of differences and eliminating unnecessary repetition which was characteristic of ancient oriental compilers, we may be sure that the parallelism between J and E was originally much closer than appears in their present form» (*loc. cit.*).

Nun haben wir aber gesehen, dass ein selbständiger Verfasser «E», der ein zusammenhängendes, mit dem J paralleles Sagawerk verfasst hätte, nie existiert hat. Die Tradition, die zu einem gewissen Grade dem «E» der Quellenkritiker entspricht, ist auf allen Punkten in letzter Instanz von J abhängig und vertritt eine zum Teil recht sekundäre Weiterentwickelung der von J gebotenen Traditionen.

Damit fällt «E» als gleichwertiger Zeuge neben J weg. — Dass P, der noch 3-4 Jahrhunderte später als J geschrieben hat, irgendwelche selbständige Kunde über die Vorgeschichte Israels gehabt haben sollte, kann wohl als ausgeschlossen gelten.

ANMERKUNGEN

¹ J. DAHSE, *Textkritische Materialien zur Hexateuchfrage. I. Die Gottesnamen der Gen. 12-50*, Giessen 1912; *Die Gegenwärtige Krisis der alttestamentlichen Kritik*, 1914.
² Vgl. u. a. H. S. NYBERG, *Studien zum Hoseabuche*, Uppsala 1935, S. 1 ff. G. GERLEMAN, *Studies in the Septuagint. I. Book of Job*, Lund 1946; II. *Chronicles*, 1946; III. *Proverbs* 1956; D. H. GARD, *The Exegetical Methode of the Greek Translator of the Book of Job* [*JBL Monograph Series VIII*]; Philadelphia 1952.
³ A. KLOSTERMANN, *Der Pentateuch*, 1893, ²1907.
⁴ B. D. EERDMANNS, *Alttestamentliche Studien. I. Die Komposition der Genesis*, Giessen 1908. — Gegen EERDMANNS: W. EICHRODT, *Die Quellen der Genesis von Neuem untersucht* [BZATW 31], Giessen 1916. EICHRODTs Gegengründe scheinen mir, wenn es die Unterscheidung von $R^{JE}$ und P gilt, in der Hauptsache unwiderlegbar.
⁵ Von WIENERs vielen Arbeiten seien erwähnt: *Wie steht es um den Pentateuch?* 1913, «*Zur Deuteronomiumfrage*», *MGWJ* 1928, S. 24 ff.
⁶ T. OESTREICHER, *Das deuteronomistische Grundgesetz* [BFChrTh. 27, 4], Gütersloh 1923.
⁷ W. STAERK, *Das Problem des Deuteronomium* [BFChrTh 29, 2], 1924.
⁸ M. LÖHR, *Das Deuteronomium* [*Schr. d. Königsberger Gel. Gesellsch.*], Berlin 1925.
⁹ W. MÖLLER, *Die Einheit und Echtheit der fünf Bücher Moses*, 1931, nebst vielen Artikeln und Pamphletten. — Gegen MÖLLER s. den sehr konservativen E. KÖNIG, *Ist die moderne Pentateuchkritik auf Tatsachen begründet?* 1933. Zur MÖLLER'schen Psychologie vgl. seine Ergiessungen, abgedruckt in *ZATW* 1934, S. 311 ff.
¹⁰ M. NOTH, *Überlieferungsgeschichtliche Studien I* [*Schr. d. Königsberger Gel. Gesellschaft* 18,2], Halle 1943, S. 181 Anm.
¹¹ P. RUBOW, «*De tre fortællere i Pentateuken*», *Festskrift til Niels Möller*, Köbenhavn 1939, S. 112 ff; *Gejstlige og verdslige Breve*, Kbhvn. 1937; *Epistler*, 1938. Gegen RUBOW s. J. JACOBSEN, *Professor Dr. Phil. P. Rubow som Polemiker*, Kbhvn. 1943. — Mit Anerkennung wird Rubow genannt von J. ENGNELL, *Gamla testamentet I. En traditionshistorisk inledning*. Stockholm 1945, 169 Anm. 2.

[12] M. LÖHR, *Untersuchungen zum Hexateuchproblem* [BZATW 38] 1924.

[13] P. VOLZ und W. RUDOLPH, *Der Elohist als Erzähler. Ein Irrweg der Pentateuchkritik?* [BZATW 63], 1933.

[13a] S. Anm. 11.

[14] K. D. ILGEN, *Die Urkunden des Jerusalemischen Tempelarchivs in ihrer Urgestalt*, 1798.

[15] H. HUPFELD, *Die Quellen der Genesis und die Art ihrer Zusammensetzung*, 1853.

[16] JOHS. PEDERSEN, *Israel I–II und III–IV*, Köbenhavn 1920 und 1934. Englische Ausgabe, *Israel, Its Life and Culture* I–II, III–IV, London 1926 und 1940. I–II, S. 392 Anm. zu S. 21, Nr. 1 [Engl. ed. S. 504, n. 33,1]; 407 A. 143,1 [n. 192,1]; 408, A. 166,1 [n. 219,1]; 410, A. 224,1 [n. 291,1]; 412 A. 232,1 [n. 301,1]; 414 A. 246,1 [n. 319,1]; 421 A. 329,1 [n. 423,1]; III–IV 508 A. 18,1 [n. 20,1]; 522 A. 217,1 [n. 286,1]; 536 A. 381 [n. 505,1]. Klärer traditionsgeschichtlich orientiert und mit steigender Skepsis gegen die Scheidung zwischen J und E in III–IV S. 542ff. 545ff. [725ff.] (n. 667,1), 728ff (Additional note I)]. Vgl. auch PEDERSENs Abhandlungen «Die Auffassung vom Alten Testament», *ZATW* 49, 1931, S. 161 ff; «Passahfest und Passahlegende», ZATW 52, 1934, S. 161 ff.

[17] W. STAERK, «Zur alttestamentlichen Literarkritik. Grundsätzliches und Methodisches», ZATW 42, 1924, S. 34ff.

[18] In *Giornale della Societa Asiatica Italiana*, N. S. I, 1925/26, S. 193ff, 297ff.

[19] W. RUDOLPH, *Der «Elohist» von Exodus bis Josua* [BZATW 63], 1938.

[20] So z.B. von J. COPPENS: *Historie critique des livres de l'Ancien Testament*, Tournei-Paris 1938.

[21] Vgl. W. BAUMGARTNER, «Wellhausen und der heutige Stand der alttestamentlichen Wissenschaft», ThR, N. F. II, 1930, S. 287ff.

[22] Über diese innere Revision s. unten S. 7.

[23] R. KITTEL, *Geschichte des Volkes Israel* I³, 1916, S. 519ff.

[24] Vgl. PEDERSEN in ZATW 52, S. 161ff.

[25] *Délégation en Perse. Memoires. Tome IV. Textes élamites et semitiques* par V. SCHEIL, P. O., 1903.

[26] Vgl. JOHANNES JEREMIAS, *Moses und Hammurabi*, Leipzig 1903.

[27] E. SELLIN, *Zur Einleitung in das Alte Testament*, Leipzig 1912, S. 16.

[28] A. ALT, *Die Ursprünge des israelitischen Rechts*, 1934 [*Kleine Schriften* I, 1953, S. 278ff]. ALTs prinzipielle Unterscheidung behält ihr Recht, auch wenn sich nachweisen lässt, dass die «apodiktische» Form auch anderswo in altorintolischen Rechtsdokumenten, besonders in Staatsverträgen, verwendet wurde. ALT hat gewiss nicht gemeint, dass diese Form lediglich eine israelitische gewesen sei. Er hat aber darin Recht, dass sie für die israelitische priesterliche *tôrâ* besonders charakteristisch war und dazu besonders geeignet, den göttlichen Ursprung und Charakter derselben auszudrücken.

[29] S. MOWINCKEL, *Ezra den skriftlærde*, Kristiania (Oslo) 1916, S. 33ff, vgl. S. 72ff.

[30] *Überlief. gesch. Studien* I, S. 180ff; *Das Buch Josua* [Handb. z. A. T. 17] 1938.

[31] Darüber in meinem noch nicht erschienenen Buche *Tetrateuch—Pentateuch—Hexateuch* in der Serie BZATW.
[32] *op. cit.* S. 36ff.
[32] *op. cit.* (Anm. 17), S. 36ff.
[33] *Elohist als Erzähler*, S. 135ff.
[34] Vielleicht kann man die Nichtbevorzugung der reinen Tiere bei P am besten daraus erklären, dass er vor der Kultgesetzgebung keine opferfähige Tiere überhaupt braucht, und daher auch nichts von einem Opfer Noahs erzählt. J muss reine Tiere in Reserve halten, weil Noah sofort nach der Landung Opfertiere nötig hat.
[35] U. CASSUTO, *La questione della Genesi*, Firenze, 1934.
[36] EDU. NIELSEN, *Oral Tradition*, London 1954, S. 93ff; vgl. *Dansk Teologisk Tidsskrift* 15, 1952, S. 144ff.
[37] Etwas anderes ist, dass der Zustand der Flut und das Emporsteigen der trockenen Erde gewissermassen den Chaoszustand und die Schöpfung — NB die babylonische — als Vorbild benutzt hat. Wie könnte das anders sein?
[38] Diese Bedeutung von *wayyigbĕru* ist durch vv. 18 u. 19 gesichert.
[39] S. GUNKEL, *ad loc.*
[40] S. MOWINCKEL, «Die vermeintliche 'Passahliturgie' Ex. 1–15», *Studia Theologica* 5, 1951, S. 66ff.
[41] Der «*Elohist*» *von Exodus bis Josua*, S. 253.
[42] *Überlieferungsgesch. Studien I*, S. 180f, 190ff, 206ff und die Übersicht S. 217.
[43] S. das Diagram *op. cit.* S. 217.
[44] Vgl. zu dieser Frage mein Buch *Tetrateuch — Pentateuch — Hexateuch*.
[45] *Israel III–IV*. S. 544; Eng. Ausg. S. 727.
[46] Mehrere Exegeten, wie z. B. GUNKEL, ändern *yhwh* in Gen 17:1 in '*ælohim*. Das ist aber auch von dem Gesichtspunkt der Quellenscheidung unnötig. P selber könnte gelegentlich jede gebräuchliche Gottesbezeichnung verwenden, wenn er die auftretenden Personen in Übereinstimmung mit seiner Offenbarungstheorie sprechen liess.
[47] Zur Sicherstellung dieser Auffassung s. auch M. NOTH, *Überlieferugsgeschichte des Pentateuchs*, Stuttgart, 1948, S. 7ff.
[48] ALBRIGHT (*From the Stone Age to Christianity*, Baltimore 1946, S. 197) vergleicht solche Verordnungen mit dem islamischen *ḥadith*, Erklärungen und Ausfüllungen von dem Koran, die durch eine zusammenhängende Reihe von Traditionsträgern (*isnâd*) auf den Propheten zurückgeführt werden. Dieser Vergleich ist aber nur teilweise richtig. Die *ḥadith* ist eine deutende Ergänzung eines schon existierenden heiligen Kodex für das Leben der Gläubigen, und sie steht und fällt damit, dass die *isnâd* in Ordnung und dadurch der Zusammenhang mit dem Propheten selber gesichert ist. In Israel war die *tôrâ* des Priesters anfänglich eine immer fliesende Quelle; das Amtscharisma des Priesters war, dass er *tôrâ* geben konnte; eine beglaubigende Reihe von Tradenten zurück zu Mose war für die einzelne *tôrâ* keine Notwendigkeit. Die Priesterschaft wurde auf dieser Weise Inhaber — «Wächter» — einer immer wachsenden Reihe von *tôrot, tosĕfê hat-tôrâ* Jer 2:8; dieser Ausdruck bezeichnet gewiss nicht, wie GANDZ und ALBRIGHT

denken, «eine Klasse von Priestern», sondern den Priesterstand überhaupt in seinem Verhältnis zu der Gesetzestradition. Dass diese ganze Gesetzestradition bald auf Mose zurückgeführt wurde, ist leicht zu verstehen; Mose war nun einmal der grosse Gesetzesvermittler und eine Autorität geworden; vgl. als Beispiel 1 Sam 30:25 mit Num 31:27. Diese Zurückführung wurde als selbstverständlich empfunden; man brauchte keine *isnâd*. Damit ist aber auch gegeben, dass die stehende Einleitungsformel des P nichts über Ursprung und Alter der einzelnen Gesetzesbestimmung sagt.

[49] S. oben Anm. 23.

[50] *Einleitung in d. A. T.*, S. 273 oben, vgl. S. 30 und 79 ff. Vgl. auch E. SELLIN, *Einleitung in d. A. T.*, S. 59; ENGNELL, *Gamla testamentet I*, S. 225f.

[51] G. HÖLSCHER, «Komposition und Ursprung des Deuteronomium», *ZATW* 40 (1923), S. 161ff.

[52] *Studien zum Hoseabuche* (s. Anm. 2).

[53] N. MESSEL, «Die Komposition von Lev. 16», *ZATW* 27, 1907, S. 1f.

[54] NOTH, *Überlief.-gesch. d. Pentateuchs*, S. 7f., sieht in H eine spatere Einschaltung in P. Seine Gründe sind nicht bindend; er legt zu viel Gewicht auf den formalen literarischen Zusammenhang. Wenn P überhaupt schon formulierte Gesetzeskomplexe aufgenommen hat, so werden sehr oft mehr ofer weniger gelungene «Nähte» nachgewiesen werden können.

[55] Der 'ohæl moeed Lev 17:4ff ist natürlich eine auf P zurückgehende, mit der fingierten Situation am Sinai gegebene arachaistischen Umschreibung für den Tempel in Jerusalem.

[56] Als Buch betrachtet ist Ezekiel nachexilisch und in Jerusalem entstanden. Die Worte des exilischen Propheten haben offenbar in dem Kreise seiner Jünger gelebt und sind Ausgangspunkte für Aktualisierungen in neuen geschichtlichen Verhältnissen geworden. HÖLSCHERs Ezekiel-Kritik ist zu viel literarkritisch und zu wenig traditionskritisch orientert, zeigt aber dennoch in die richtige Richtung.

[57] S. Näheres unten S. 78ff.

[58] G. von RAD, *Die Priesterschrift in Hexateuch* [BWANT, 4. Flg., 13. Heft], 1934.

[59] *Einleitung in d. A. T.*, S. 233ff.

[60] S. *Elohist*, S. 254 und passim; vgl. seine Besprechung von v. RADs Buch in *Theol. Literarztng.* 1935, S. 340ff.

[61] P. HUMBERT, «Die literarische Einheit des Priester-Codex (Kritische Untersuchungen der These von v. Rad)», *ZATW* 58, 1940/41, S. 30ff; NOTH schliesst sich an HUMBERT an, s. *Überlief. gesch. d. Pentateuchs*, S. 9.

[62] S. Lev 4:23; 6:15; 8:1ff; 21:10,12 und Ex 28:41; 30:30; 40:15; Lev 7:36; 10:7; Num 3:3. Dass die letztere Reihe von Stellen jünger als die erstere sei, dafür liegt kein bindender Beweis vor. Wenn schon die vorexilische Legende sogar den Prophetenjünger gesalbt werden lässt (1 Kg 19:16), so ist es nicht unwahrscheinlich, dass man recht früh auch die Salbung als ein Glied der Zeremonien bei der «Handfüllung», d. h. bei der Priesterweihe, benutzt hat. Das hindert nicht, dass einer als «der gesalbte Priester» *kat' exochēn* galt.

⁶³ Vgl. NOTH, *Überlief.gesch. Studien*, I. S. 206 Anm. 4, S. 207, 208. Vgl. auch NOTHs *Die Gesetze im Pentateuch, ihre Voraussetzungen und ihr Sinn*, Halle 1940.

⁶⁴ *Überlief.gesch. d. Pentateuchs*, S. 10, Anm. 20.

⁶⁵ *Composition des Hexateuchs*³, S. 336 ff.

⁶⁶ *From the Stone Age to Christianity*, S. 193.

⁶⁷ O. KAISER, *Die mythische Bedeutung des Meeres in Ägypten, Ugarit und Israel* [BZATW 78], 1959, S. 40ff. Vgl. ALBRIGHT, *Archaeology and the Religion of Israel*, Baltimore 1942, S. 90.

⁶⁸ Vgl. KAISER, *op. cit.* S. 78.

⁶⁹ Vgl. ALBRIGHTs Urteil in *From Stone Age to Christianity*, S. 207.

⁷⁰ A. BERTHOLET, «Zum Schöpfungsbericht Gen 1», JBL 53, 1934, S. 237ff.

⁷¹ Vgl. AAGE BENTZEN, *Den israelitiske sabbats historie*, Köbenhavn 1923, S. 61ff.

⁷² Vgl. MARIE-LOUISE HENRY, *Jahwist und Priesterschrift* [Arbeiten zur Theologie 3], Stuttgart 1960, S. 20.

⁷³ S. ALBRIGHT in JBL 58, 1939, S. 95ff. vgl. JBL 57, 1938, S. 230f.

⁷⁴ Über diese s. Näheres unten in IV B, S. 65ff.

⁷⁵ So u. a. B. STADE, *Biblische Theologie d. A. T.* I, 1905, S. 249f; C. STEUERNAGEL, *Einleitung in d. A. T.* S. 154; C. MEINHOLD, *Der Dekalog*, 1927; derselbe: *Einführung in d. A. T.*, 1932, S. 106ff; B. BAENTSCH, *Exodus* [Göttinger Handkomm. z. A. T. I, 2] zur Stelle; S. MOWINCKEL, *Le Décaloque*, Paris 1926. S. 43ff. Näheres unten S. 74ff.

⁷⁶ So nach ALBRIGHTs Andeutung in *JBL* 63, 1944, S. 233.

⁷⁷ Vgl. MOWINCKEL, «Bileamsagnet, dets opkomst og utvikling», *Edda* 30, 1930, S. 238ff.

⁷⁸ S. *Überlieferungsgesch. d. Pentat., S.* 19.

⁷⁹ S. mein Buch *Tetrateuch — Pentateuch — Hexateuch*.

⁸⁰ S. *Tetrateuch — Pentateuch — Hexateuch*.

⁸¹ S. *Tetrateuch — Pentateuch — Hexateuch*,

⁸² S. MOWINCKEL, *Zur Frage nach dokumentarischen Quellen in Jos. 13–19*, Oslo 1946.

⁸³ *Tetrateuch — Pentateuch — Hexateuch*,

⁸⁴ *Prolegomena*⁵, S. 153ff.

⁸⁵ ALBRIGHT, «The List of Levitic Cities», *Louis Ginzberg Jubelee Volum*, New York 1945, S. 49ff; *Archaeology and the Religion of Israel*, S. 121ff, beide mit Literaturhinweisen.

⁸⁶ *The Biblical Account of the Conquest of Palestine*, Jerusalem 1953, S. 40ff.

⁸⁷ Vgl. M. HARAN, «Studies in the Account of the Lewitic Cities», *JBL* 80, S. 45ff, 156ff.

⁸⁸ Vgl. WELLHAUSEN, *Prolegomena*⁵, S. 355f.

⁸⁹ GUNKEL, *Genesis* ad loc.

⁹⁰ Vgl. ALBRIGHT, *From the Stone Age to Christianity*, S. 192: «The Priestly Code ... which unquestionably had access to early written documents».

⁹¹ S. NOTH, *Das System der zwölf Stämme Israels* [*BZATW* 52] 1930, S. 14ff. N. meint freilich, dass Num 1 unabhängig von Num 26 sei; die abweichende Reihenfolge Manasse-Efraim (ibid. S. 17f) gibt aber kaum eine genügende Grundlage für diese Folgerung.

⁹² *op. cit.* S. 122ff.

⁹³ *JPOS* V, 1925, S. 20ff.

⁹⁴ Vgl. MOWINCKEL, *Zur Frage nach dokum. Quellen*, S. 20ff, 27ff.

⁹⁵ NOTH, *op. cit.* S. 125ff, s. auch *ZDPV* 50, 1927, S. 235f.

⁹⁶ NOTH, *op. cit.* S. 125.

⁹⁷ G. B. GRAY, *Numbers* [ICC], Edinburg 1903, S. 6f., *Studies in Hebrew Proper Names*, London 1896, S. 90f.

⁹⁸ FR. HOMMEL, *Die israelitische Überlieferung*, München 1897, s. 298ff.

⁹⁹ N. NOTH, *Die israelitischen Personennamen im Rahmen der gemeinsemitischen Namengebung* [*BWANT* 46], 1928.

¹⁰⁰ ALBRIGHT, *From the Stone Age to Chr.*, S. 192.

¹⁰¹ *System der zwölf Stämme*, S. 15f.

¹⁰² Der «Rubenit Bohan» (= Daumen), nach dem der «Stein des R. B.» Jos 15:6; 18:17 seinen Namen gehabt haben soll, ist natürlich nur eine ätiologische Legende, die höchstens dafür als Beweis gelten könnte, dass rubenitische Elemente auch im Westjordanlande vertreten gewesen seien. Es handelt sich wohl um einen alten phallischen Stein. — Auch nicht den Rubeniten Adina, Sohn des Schisa, in 1 Chr 11:43 kann man für eine historische Person halten, da die Verse 41b–47 ein chronistischer Zusatz zu der aus 2 Sam 23 stammenden Heldenliste ist, und die dort vorkommenden Namen zu dem nachexilischen Namengut gehören; s. NOTH, *Überlief. Studien* I, S. 136. RUDOLPHs Erwägungen über die Möglichkeit einer älteren Quelle (*Chronikbücher* [Handb. z. A. T. 21] S. 99ff) sind nicht beweiskräftig.

¹⁰³ Vgl. meinen Aufsatz «Rahelstämme und Leastämme», *Von Ugarit nach Qumram* (Eissfeldt-Festschrift) 1958, S. 140 mit Anm. 23 a. Zu dem angeblichen Gebiet Simeons in Josva 15 s. MOWINCKEL, *Zur Frage nach dokum. Quellen in Josua 13–19*, S. 27f; vgl. auch Y. AHARONI, «The Negeb of Judah», *IEJ* 8, 1958, S. 26ff.

¹⁰⁴ S. Näheres unten S. 112ff.

¹⁰⁵ S. MOWINCKEL, *Psalmenstudien II*, 1922, S. 111ff, 114, 177f, 298ff; GUNKEL-BEGRICH, *Einleitung in die Psalmen*, 1933, S. 142ff; ENGNELL, *Divine Kingship*, 1945; MOWINCKEL, *Han som kommer*, 1951, S. 44ff; *He that Cometh*, 1956, S. 56ff, mit Literaturhinweisen.

¹⁰⁶ Vgl. MOWINCKEL, *Zum israelitischen Neujahr und zur Deutung der Thronbesteigungspsalmen*, Oslo 1952, S. 5–38.

¹⁰⁷ Vgl. MOWINCKEL, «Die Chronologie der israelitischen u. judäischen Könige». *Act. Or.* X, S. 175f, 200ff.

¹⁰⁸ S. MOWINCKEL, *Zur Frage n. dok. Quellen.* S. 32f.

¹⁰⁹ J. PEDERSEN, *Israel I* = *I²*, S. 21 (Engl. Ausg. S. 28), III–IV, S. 542f (725ff). Als Ursprungsort des Dt sind die verschiedensten alten Kultstätten vor-

geschlagen worden, s. COPPENS, *Histoire Critique*², S. 156, n. 1. Auch die Forscher lieben mitunter, über den Bach nach Wasser zu gehen.

[110] J. KAUFMANN, «Probleme der israelitisch-jüdischen Religionsgeschichte» *ZATW* 48, 1930, S. 23ff; 32.

[111] *Op. cit.* S. 38f. Vgl. auch ENGNELL, *Gamla testamentet I*, S. 223.

[112] S. R. HARTMANN, «Zelt und Lade», *ZATW* 37, 1917/18, S. 209ff; H. LAMMENS, «Le culte des bétyles et les processions religieuses chez les Arabes preislamiques», *Bull. Ins. Franc. Arch. Orientale* XVII, Cairo 1919, S. 39ff; J. MORGENSTERN, *The Ark, the Ephod and the «Tent of Meeting»*, Cincinnati 1945, vgl. *HUCA* V, 1928, S. 81ff. Man hat besonders an die *eutfa*, ein transportables, von einem Kamel getragenes Orakelzelt gedacht. Dazu ist zu bemerken, dass die *eutfa* keine Analogie zu dem Tabernakel oder zu der Lade, sondern zu dem altisraelitischen Orakelzelt, von dem eine Erinnerung in Ex 33 vorliegt, bildet. Es ist daher ein übereilter Schluss, wenn ALBRIGHT, *From the Stone Age*², S. 203, erklärt, dass «the archaeologist no longer has any difficulty in proving the antiquity of many details in the description (scil. of the Tabernacle) which is given in the Priestly Code». Altertümlichkeit gewisser Detaillen beweist nichts für die Geschichtlichkeit und Mosaizität des Totalbildes in P. Rein aus der Luft ist das Bild natürlich nicht gegriffen.

[113] Zu dieser Gestalt vgl. J. LINDBLOM, *Israels religion i gamaltestamentlig tid*, Stockholm 1936, S. 13f;²1953, S. 15f, mit Hinweis auf E. BRÄUNLICH *in Islamica* 1933, H. 1-2.

[114] JOHS. PEDERSEN, *Israel III–IV*, S. 551; Engl. Ausg. S. 737.

[115] *Überlieferungsgeschichtliche Studien I*.

[116] S. neben NOTHs *Überlief.gesch. Studien I* auch seine *Überlieferungsgeschichte des Pentateuchs*.

[117] In *Det Gamle Testamente*, oversatt av S. MICHELET, SIGMUND MOWINCKEL og N. MESSEL (GTMMM), Bd. II, 1935, habe ich in Anschluss an BUDDE, HÖLSCHER, u. a. die Verteilung der Quelle des deuteronomistischen Redaktors auf die Unterquellen J und E durchgeführt, dabei mit MICHELET voraussetzend, dass die Quellen auch in Richter vertreten seien.

[118] H. GUNKEL, *Genesis* [Göttinger Handkomm. z. A. T. I 1] 1901, 4. Aufl. 1917.

[119] H. GRESSMANN, *Mose und seine Zeit. Ein Kommentar zu den Mosesagen*. [FRLANT 18] 1915.

[120] M. NOTH, *Überlieferungsgeschichte des Pentateuchs*, Stuttgart 1948.

[121] ENGNELLs Urteil über GUNKEL (*Gamla testamentet I*, S. 44ff) ist daher ungerecht.

[122] S. darüber mein Buch *Tetrateuch — Pentateuch — Hexateuch*.

[123] *op. cit.*, S. 223.

[124] *op. cit.*, S. 172ff, 196ff.

[125] *op. cit.* S. 202.

[126] ALBRIGHT in *JBL LVII*, 1939, S. 91ff; *From the Stone Age*², S. 180f; H. H. ROWLEYs Aufsatz «Recent Discovery and the Patriarchal Age», *Bulletin*

*of the John Rylands Library*, XXXII, 1949/50, S. 44, aufgedruckt in *The Servant of the Lord and the other Essays on the Old Testament*, London 1952, S. 269ff.

[127] S. ALBRIGHT, *From the Stone Age*$^2$, S. 191. Von einem «Dokument» aus dem 10. Jahrhundert darf man kaum reden. Es kann sich ebenso gut, und eher, um mündliche «Gelehrtheit» handeln.

[128] Das haben besonders NOTH und MÖHLENBRINK («Die Landnahmesagen des Buches Josua», ZATW 56, 1938, S. 238ff), aber auch A. ALT nachgewiesen.

[129] S. MOWINCKEL, *Le Décalogue*, S. 129ff.

[130] G. HÖLSCHER, *Die Anfänge der hebräischen Geschichtsschreibung*, Heidelberg 1942.

[131] Der gegenwärtige Verfasser hat in seiner Bearbeitung der Bücher Samuel und Könige in *GTMMM II* hier HÖLSCHER gefolgt, hat aber seitdem die Hypothese aufgegeben.

[132] Ich verweise auf meinen Aufsatz «Israelite Historiography» in *Annual of the Swedisch Theological Institute*, Bd. II, 1964.

[133] G. von RAD, *Das formgeschichtliche Problem des Hexateuchs*. [BWANT, 4. Folge, Heft 26], 1938.

[134] *Überlieferungsgesch. d. Pentateuchs*, S. 42f.

[135] Num 21:14; Jos 10:13; vgl. 2 Sam 1:18.

[136] Vgl. MOWINCKEL, «Hat es ein israelitisches Nationalepos gegeben?» ZATW 53, 1935, S. 130ff. Ich gebe jetzt ALBRIGHT (*From the Stone Age*$^2$, S. 330 n. 2) in seiner Einwendung gegen meine damalige Datierung (zwischen J und E) Recht; mit der Erkenntnis, dass es keine Quelle «E» gegeben hat, ist die Datierung vor J gegeben.

[137] Vgl. H. FRANKFORT, *Kingship and the Gods. A Study of Ancient Near Eastern Religion as the Integration of Society & Nature*, Chicago 1948. Vgl. G. J. GADD, *Ideas of Divine Rule in the Ancient East*, London 1948.

[138] Näheres darüber mein Buch *Tetrateuch — Pentateuch — Hexateuch*.

[139] S. vor allem Gen 49:10; Num 24:17–19, unverkennbare vaticinia auf David. Vgl. auch Gen 13:17; 12:2; 15:18–21; 22:17; 26:4; 28:14; Ex 23:31; 34:10; 34:10; Num 24:7f.

[140] Das ist auch HÖLSCHERs Meinung, *op. cit.*, S. 82ff. Er kann aber seinen Ausgangspunkt in der Zurechnung von 1 Kg 12 zu J nehmen.

[141] Es ist bezeichnend, dass J den Erzvater Juda versuchen lässt, seine Verbindung mit der Kedesche geheim zu halten, «damit uns nicht Schande nachgesagt werden soll» Gen 38:23.

[142] Näheres unten S. 74, 85f.

[143] S. unten S. 71f.

[144] Da, wie unten zu zeigen, keine «Quelle E» existiert hat, so liegt kein Grund vor, Gen 22 dem J abzusprechen.

[145] Wenn Gen 14 auch reine Legende, die allerdings ein paar zerstreute Brocken geschichtlicher Tradition enthält, ist, so liegt kein Grund vor, das vorexilische

jedoch nachdavidische Alter der Legende zu bezweifeln. Zu P kann Gen 14 nicht gerechnet werden; El Eljon gehört nicht zu der Offenbarungstheologie des P.

[146] Vgl. MOWINCKEL «Die Gründung von Hebron», *Donum Natalicium H. S. Nyberg oblatum*, 1954, S. 185ff.

[147] «Josephgeschichte und ältere Chokma», *Congress Volum Copenhagen 1953* [Suppl. to Vetus Testamentum, Vol I], Leiden 1953, S. 120ff.

[148] Vgl. GRESSMANN in ZATW 42, 1924, S. 292ff.

[149] Ahron ist gewiss als ein nordisraelitischer Priesterahn zu betrachten. Die jerusalemische Priesterschaft hat sich in der ganzen vorexilischen Zeit nicht als Aharoniden, sondern als Sadokiden gerechnet. Da die Priester in Dan sich als die Nachkommen des Mose betrachtet haben (Ri 18:30), liegt die Vermutung sehr nahe, dass Ahron die Priesterschaft von Bet'el, neben Dan die Hauptkultstätte des Nordreiches, vertritt; eben das hat ihn zum Erfinder des in den Augen der Jerusalemer illegitimen goldenen Stierbildes gemacht. Bei J spielt Ahron, der schon in der alten Tradition als der Bruder des Mose galt, daher eine sehr zurücktretende Rolle; er ist eigentlich nur der Sprecher des Mose — und der Erfinder des Stierbildkultes. Ahron ist aber in der Tradition älter als die Rolle Bet'els als Hauptkultstätte. Wie der in seiner Familie erbliche Name Pinchas (1 Sam 4:4,19) zeigt, war er allem nach früher mit den Eliden in Schilo verbunden; vgl. EDU. MEYER, *Die Israeliten und ihre Nachbarstämme*, Halle, 1906, S. 274; GRESSMANN, *Mose und seine Zeit*, S. 274. In Schilo stand das wichtigste Kultsymbol Jahwes, sein heiliger Schrein, «die Lade» *'ăron yhwh*. Ahron galt allem nach schon damals als Ahnherr der Lade-Priester. Das würde die Zwiespaltigkeit der jerusalemischen Tradition erklären; die jerusalemische Priesterschaft war via Nob mit Schilo und damit mit Ahron verbunden; andererseits galt er auch als Ahnherr der Priester in Bet'el und als Urheber des Stierbildes. Die wahrscheinlichste Erklärung seines Namens ist immer noch die Ableitung aus *'ăron*. Die Spuren der ältesten Ahrontradition in Ex 17:10,12 und vielleicht in Ex 18:12, besonders aber in 15:20 zu finden, wie NOTH meint (*Überlief.gesch. d. Pentateuchs*, S. 197f), ist kaum begründet; richtig dürfte aber sein, dass sein Verhältnis zu Mirjam älter als das zu Mose ist. Die jerusalemische Tradition hat natürlich die alten Traditionen von Ahron, dem Bruder des Mose, nicht unterdrücken können; er ist auch bei J der Bruder und das Sprechrohr geblieben. Seine von den Bet'elpriestern behauptete Verbindung mit dem Stierbilde ist aber als Sünde gebrandmarkt worden und darin die Erklärung davon gesehen, dass auch er nicht das gelobte Land betreten durfte. Der Einfall GRESSMANNs (*op. cit.* S. 441), dass Ahron ursprünglich ein «Elpriester» und daher ein Gegner des von Mose neu eingeführten Gottes Jahwe war, fällt weg bei dem Erkenntnis, dass Jahve schon vor Mose der «Gott der Väter» der Israeliten war. s. MOWINCKEL «The Name of the God fo Moses», *HUCA XXXII 1*, S. 121ff.

[150] So auch HÖLSCHER, *op. cit.* s. 84.

[151] *Composition des Hexateuchs*³, S. 52.

[152] K. BUDDE, *Die Biblische Urgeschichte*, Giessen 1893.

[153] R. SMEND, *Die Erzählung des Hexateuchs auf ihre Quellen untersucht*, 1912.

¹⁵⁴ MOWINCKEL, *The two Sources of the Predeuteronomic Primeval History (JE) in Gen 1–11*, Oslo 1937. — HÖLSCHER hat sich daran angeschlossen, s. *Geschichtschreibung in Israel*. Die Fragestellung ist, so lange man an die Existenz eines «E» glaubt, durchaus berechtigt. Denn dieser E kann unmöglich mit Gen 15 sein Werk angefangen haben. Gen 15 ist überhaupt kein Anfang; der Verfasser hätte mindestens Abraham seinen Lesern vorstellen müssen. Wenn man zugibt, wie die traditionelle Literarkritik es meistens tut, dass «E» ein jüngeres Werk als J ist und dem Aufbau des J folgt und mit ihm parallel läuft, und wenn man ferner sieht, dass sowohl J als auch P mit einer Urgeschichte anfangen, so ist es mindestens naheliegend und durchaus berechtigt, zu untersuchen, ob nicht auch «E» dasselbe getan habe. Und ganz besonders, wenn man die Zweisträngigkeit in der «J»-Urgeschichte zugibt.

¹⁵⁵ In *ZATW* 42, S. 34ff (s. oben Anm. 17).

¹⁵⁶ P. HUMBERT, *Études sur le recit du Paradis et de la chute dans la Genese*, Neuchatel 1940.

¹⁵⁷ Eine andere Frage ist, ob STAERK diese richtig bestimmt hat (*op. cit.* S. 56).

¹⁵⁸ Vgl. MOWINCKEL, «De fire paradiselvene», *NTT* 39, 1938, S. 47ff.

¹⁵⁹ S. ST. LANGDON, *Oxford Editions of Cuneiform Texts*, II, S. 1ff; H. ZIMMERN in *ZDMG* 1924, S. 19ff; ALBRIGHT in *JAOS XLII*, S. 323ff.

¹⁶⁰ VOLZ-RUDOLPH, *Der Elohist als Erzähler*, S. 143ff.

¹⁶¹ J umfasst Gen 37:2–36; 39:1–46; 40:1aα, 2–5a, 6–23; 41:1–34a, 35–43, 45a, 44, 46b–57; 42:1–28a, 35, 28b–34, 36–38; 43–44; 45; 46:28; 47–5a, 6b, 11, 13; 48:1–2,8–11aα, 7, 11aβ–22; 50:2–11, 14–26.

¹⁶² Vgl. 38:7,10, wo LXX θεός statt *yhwh* hat.

¹⁶³ S. P. METZGER, «Noch einmal der Gottesname im Hexateuch», NKZ 34, 1925, S. 38ff, 49ff.

¹⁶⁴ Oder richtiger: «hatten ihn verkauft». V. 36 ist ein Zustandssatz, der den Gegensatz der Wirklichkeit zu der Annahme Jakobs in V. 35 ausdrückt: «der Vater hielt Totenklage über ihn, während (in der Tat) die Midianiten ihn verkauft hatten».

¹⁶⁵ H. GRESSMANN. «Ursprung und Entwicklung der Joseph-Sage», *Eucharisterion* (Gunkelfestschrift) I, S. 1ff.

¹⁶⁶ «Analogier mellan Josefberättelsen i Genesis och Ras Shamratexterna», *SEÅ* 1945, S. 1ff. REICKEs Aufsatz zeigt eigentlich nur, dass gewisse phraseologische Wendungen und gemeinmenschliche Situationen und Motive beiderorts vorkommen. Irgendwelchen ugaritischen Einfluss auf die Josefgeschichte kann das kaum beweisen.

¹⁶⁷ *Israel I–II*, S. 407f; Eng. Ausg. S. 517f.

¹⁶⁸ *op. cit.* S. 412; Engl. Ausg. S. 520f.

¹⁶⁹ *op. cit.* S. 410ff, Engl. Ausg. S. 521ff. — Auch nicht MICHELET in *GTMMM* I lässt sich hier auf eine Quellenscheidung ein.

¹⁷⁰ *op. cit.* S. 412; Eng. Ausg. S. 523.

¹⁷¹ In allen den oben genannten Fällen kommt VOLZ zu demselben Ergebnis wie PEDERSEN.

¹⁷² Ist es z. B. notwendig *wayĕbārĕkehu* Gen 27:28 als eine Glosse aufzu-

fassen? Ist es nicht eher eine vorgreifende, erklärende Parenthese: und so dazu kam, ihn zu segnen?

[173] Gelegentlich kommt auch VOLZ auf diesen Gesichtpunkt hinein, s. *op. cit.* S. 72f, 78 Anm. 1. VOIZ hätte viel von JOHS. PEDERSEN, den er nicht nennt, lernen können.

[174] *Israel III–IV*, S. 508 (engl. Ausg. 673); I–II, S. 414 (526). — Auch hier hat *GTMMM* II keine Quellenscheidung vorgenommen, nur einige vermeintliche deuteronomistische Zusätze zu dem dem E zugeschriebenen Bericht angenommen, und in Jos 6:25 ein Element einer älteren Überlieferung (J) vermutet.

[175] *Op. cit.* I–II, 421f, (Eng. Ausg. S. 537f); 408 (518); 392 (504).

[176] S. des Näheren MOWINCKEL, «The Name of the God of Moses», *HUCA* XXXII, 1961, S. 122ff. — Es widerspricht jedenfalls die gesammte altisraelitische Überlieferung und Anschauung, wenn ALBRIGHT (*From The Stone Age*, S. 206) im Anschluss an viele der älteren Forscher Mose als den betrachtet, der den Jahwenamen und den Jahwekult in Israel eingeführt habe.

[177] S. oben S. 32f. und unten S. 77ff.

[178] *Composition des Hexateuch*[3], S. 84ff, 330f.

[179] Vgl. GRESSMANN, *Mose*, S. 191; MOWINCKEL, *Le Décalogue*, S. 19, 43ff.

[180] Als ursprünglichen J-Text betrachtet er 19:20aα, b, 3a, 9a, 10, 18, 20, 19, 25.

[181] Es deutet wohl einen gewissen Zweifel bei RUDOLPH an, wenn er schliesslich zugibt, dass es schwer ist, einzusehen, wie ein Interpolator ohne Anknüpfung and die Tradition zu einer Darstellung wie der in V. 18. kommen könnte, und daher annimmt, dass V. 18 doch altes Quellengut ist und ursprünglich zwischen 19:20, 19 und 19:25 stand.

[182] So früher auch KITTEL, *Gesch. d. Volkes Isr.* I[3], S. 492ff; SELLIN, *Einleitung*[3], S. 30ff; *Zur Einleitung in d. A. T.*, S. 23ff. S. dazu MOWINCKEL, *Le Décalogue*, S. 26ff.

[183] A. ALT, *Die Ursprünge des israelitischen Rechts* (1934); s. *Kleine Schriften* I, S. 317 Anm. 1.

[184] Das ist eigentlich auch RUDOLPHs Meinung, nur dass er ganz willkürlich den Inhalt des Bundesschlusses mit einem ganz anderen (d.h. 20:1–17) ersetzt und dem Bericht als Einleitung einen stark verkürzten Auszug aus Kp. 19 gibt.

[185] Setze hinein *lĕkā* nach LXX.

[186] H. KOSMALA, «The So-Called Ritual Decalogue», *Annual of the Swedish Theological Institute*, Vol. I, Leiden 1962, S. 31ff.

[187] *'et kol-dibrê yhwh* Ex 24:3,4; *haddĕbārim hā-'ellæ* Dtn 5:27; *kol-haddĕbārim hā'ellæ* Ex 20:1; *ēedotāw wĕḥoq* Ps 99:7; *kol-miswotāy* Dtn 5:29; *hā-ḥuqqim wĕhammišpāṭim* 5:31.

[188] Dass hier eine spätere redaktionelle Glosse, und zwar eine der R[JP]-Schule vorliegt, ist mit den meisten Kritikern zugegeben.

[189] Es ist etwas auffallend, dass KOSMALA, der so stark und korrekt den deuteronomistischen Charakter der Glosse «die zehn Debarim» V. 28 betont (*op. cit.* S. 36), so leicht über das längst bemerkte deuteronomistische Gepräge. das V. 10ff in dem jetzigen Zusammenhange, und V. 12f und 15f aufweisen, hinweg-

geht, vgl. seine Worte *op. cit.* S. 38: «.... deuteronomistic — whatever they (die Kritiker) may mean».

[190] In Anbetracht von V. 10 könnte man vermuten, dass das etwas nachhinkende *wĕ'et yiśrā'el* späterer Zusatz ist.

[191] Abgesehen natürlich von den oben behandelten sekundären Zusätzen, s.S. 68ff.

[192] *Histoire critique*, S. 156; ENGNELL schliesst sich ihm an, *Gamla testamentet I*, S. 226.

[193] Hinweise auf die ältere Literatur findet man u. a. bei KOSMALA, *op. cit.* S. 31ff.

[194] Dass die Worte «die zehn *děbârim*» in V. 28 kein haltbares Argument für die Reduktion von 13 zu 10 ist, muss einfach zugegeben werden. Der Verdacht, dass wir hier eine Glosse des $R^{JP}$ (oder jemandes seiner Nachfolger) vorliegt, ist kaum abzuweisen, s. oben Anm. 188. Die Vermehrung von 10 zu 13 lag höchstwahrscheinlich schon in J's Vorlage vor.

[195] V. 24 ist ein erklärender Zusatz.

[196] Eben weil dieser Vorschlag so einfach und einleuchtend erscheint, habe ich mich nicht von KOSMALAs obengenannten gründlichen Argumentierung gegen einen Dekalog in Ex 34 überzeugen lassen können. Dieselbe Erklärung der Erweiterung von 10 zu 13 wie die in *Le Décaloque* gegebene habe ich später bei G. B. BERRY in *JBL* XXXV, 1925, S. 39ff gefunden.

[197] Dann könnte man mit Grund COPPENSs S. 71 zitierte Worte anwenden.

[198] S. *Le Décalogue*, S. 40.

[199] S. *Psalmenstudien* II, S. 118ff, 152ff, 179ff, III S. 97ff; *Le Décalogue*, S. 121–156; *Offersang og Sangoffer*, S. 176, 324f, 326, 331, 333, 587.

[200] Vgl. *Le Décalogue* und meinen Aufsatz «Zur Geschichte der Dekaloge», ZATW 55, 1937, S. 218ff.

[201] «JE» nenne ich vorläufig den nach Abzug der P-Stücke vorliegenden Text, in Übereinstimmung mit der herrschenden Literarkritik.

[202] Vgl. auch SMEND, *Die Erzählung des Hexateuchs*, S. 160 (freilich mit der unbegründeten Umstellung von 20:18–21 vor 20:1–17); MOWINCKEL, *Le Décalogue*, S. 46f. — RUDOLPHs Worte, «*Der Elohist*, S. 45 Anm. 1 mit dem Hinweis auf *Le Décalogue* scheinen meinen Ausführungen dieselbe Absicht wie SMENDs beizulegen: «Den Dekalog in Zusammenhang mit Kp. 19 zu bringen». Das ist ein Misverständnis. Meine Ansicht ist, in Gegensatz zu SMEND, dass der Dekalog in der Darstellung des «JE» weder mit Kp. 19 noch mit Kp. 20 etwas zu tun hat.

[203] S. B. BAENTSCH, *Das Bundesbuch, Ex XX 22–XXIII 33*, Halle, 1892; *Exodus-Leviticus* [Handkom. a. A. T. I, 2,1] Göttingen 1903. Dieselbe Auffassung auch bei H. HOLZINGER, *Exodus* [Kurzer Hand.Comm. z. A. T. II] 1900, und in KAUTZSCH-BERTHOLET, *Hlg. Schr. d. A. T.*⁴; A. JEPSEN, *Untersuchungen zum Bundesbuch* [BWAT III 5] 1927; G. BEER, *Exodus* [Handb. z. A. T. II] 1939. Auch RUDOLPH, *Der «Elohist»*.

[204] Trotz seiner falschen Abgrenzung des Komplexes, s. die vorhergehende Anm.

[205] A. ALT, *Die Ursprünge des israelitischen Rechts*, 1934 [= *Kl. Schr.* I. S. 278ff].

²⁰⁶ Vgl. angelsächsisch *domas* mit derselben semasiologischen Bedeutungsentwickelung.

²⁰⁷ Die Richtigkeit der Auffassung, dass *tôrâ* begrifflich und genetisch mit der kasuellen und kultisch-agendarischen Orakelgebung und Belehrung des Priesters zusammenhängt, hat wieder ENGNELL bewiesen, s. «Israel and its Law», *Symbolae Biblicae Uppsalienses* VII, 1946, S. 16ff. Es ist daher unbegründet, wenn ALBRIGHT *From the Stone Age* etc. S. 205f mit Ausgangspunkt in dem Worte *tôrâ* Moses «teaching» in Verbindung mit dem ägyptischen Begriff «teaching» (*sbâyet*) setzen will und sie sich als eine religiöse Verkündigung vorstellt, die u. a. auch Monotheismus, Schöpfungsglauben und die Vorstellung von der Universalität der Gottheit umgefasst habe. Die Israelititen in Gosen haben gewiss nicht ägyptische Theologie studiert, Mose auch nicht, ebenso wenig als man unter den halbnomadisierenden Lappen des nördlichen Norwegens etwas von lutherischem — oder gar katholischem — Christentum finden konnte; das hat ihnen erst die Missionstatigkeit des Thomas von Westen (1682–1727) beigebracht.

²⁰⁸ Die Verse 22:20,22 können «deuteronomistische» Glossen sein.

²⁰⁹ Das ist nicht einmal in 21:1b der Fall. Der «du» dieses Satzes kann recht wohl der «Schofet» oder der Gesetzeskundige der Amphiktyonie sein, der bei gewissen feierlichen Gelegenheiten dem Volke das Gesetz vorlegte, wie es der *lògsogumaðr* auf dem «Allthing» auf Eisland tun sollte.

²¹⁰ Meistens hat man an die in Dtn vorausgesetzte Situation geraten, s. H. HOLZINGER, *Einleitung in den Hexateuch*, Freiburg–Leipzig 1893, S. 176.

²¹¹ Hier ist nicht der Ort, näher auf M einzugehen. Dass es materiell, wie auch formal, in sehr grossen Umfange auf vorisraelitischer kanaanäischer Ausformung altes gemeinorientalisches Rechts fusst, ist fraglos richtig; s. ALT, *op. cit.*, S. 95ff; JOHS PEDERSEN, *Israel, its Life and Culture*, I–II, S. 547ff. NOTH (*System der zwölf Stämme*) wird wohl darin Recht haben, dass M in der israelitischen Form in die Richterzeit zurück reicht.

²¹² Abgesehen von möglichen Erweiterungen anderswoher; s. oben S. 75f.

²¹³ V. 22b mag ein «aufgesetztes Licht» (GUNKEL) sein; das ist für unser Thema belanglos.

²¹⁴ Der umstand, dass 23:30–33 «deuteronomistisch» retuschiert ist (Vv. 24–26, 32 (oder 31b)–33) ist für unser Thema belanglos.

²¹⁵ Als solche werden gewöhnlich gerechnet 22:30 (nach Lev 17:15); 23:4f (nach Dtn 22:1–4); 23:9 (Doublette zu 22:20); die humanitäre Begründing in 23:11; 23:13 (will vll. die folgenden Gebote als eine Dekade für sich hervorheben; NB Plur, statt Sgl.); 23:16b (nach 34:20; NB Plur. mit LXX und Syr); 23:17 (Doublette zu V. 14, nach 34:23). — Ist es ein Zufall, dass nach diesen Ausscheidungen 24 = 12 × 2 Gebote bleiben?

²¹⁶ 34:14 entspricht 20:23a; 34:17 = 20:23b; 34:18 = 23:15a; 34:19–20a = 22:28f; 34:20b = 23:15b; 34:21 = 23:12; 34:22a = 23:16a; 34:22b = 23:16b; 34:23 = 23:14,17; 34:25a = 23:18a; 34:25b = 23:18b; 34:26a = 23:19a; 34:26b = 23:19b.

²¹⁷ Zu einem ähnlichen Resultat wie hier und in *Le Décalogue* S. 114ff kommt

auch v. RAD, *Formgesch. Probl. d. Hexat.*, S. 18ff, der die Sache von einem anderen Ausgangspunkt heraus und mit weiteren Perspektiven behandelt, dabei aber auch einen sachlichen und formalen Zusammenhang zwischen dem Bericht von dem Sinaibunde und dem Mythus und dem Ritual des Kultes findet. v. RAD dreht indessen den Zusammenhang um und meint, dass die «Legende» das primär Gegebene sei, in Übereinstimmung mit welcher das Kultritual ausgebildet worden sei, «wobei dann natürlich mit einer gewissen Rückwirkung vom Kultus auf die Legende und ihre Gestaltung zu rechnen ist» (*op. cit.* S. 20). Das steht aber im Widerspruch zu dem allgemeinen religionsphänomenologischen Verhältnis zwischen Kultus und Mythus. Der Mythus («die Kultlegende») ist die mehr oder weniger episch ausgebildete Erzählung von dem was im Kulte mit realer Wirkung geschieht und sich dort wiederholt, s. mein *Religion und Kultus*, S. 94ff. Es geht aus den Psalmen, die auch v. RAD als Bezeugung des kultischen Rahmens des Festes anerkennt, klar hervor, dass jenes Fest mit dem Herbst- und Neujahrsfeste zusammenhängt. Das Herbstfest und seine leitende Idée, die Epiphanie des Gottes, sind aber kanaanischen Ursprungs und somit älter als die israelitische «Legende». Selbstverständlich meine ich aber nicht, dass der ganze sachliche Inhalt der Legende nur eine Spiegelung des Festes sei. In Israel sind die Feste mit der Geschichte verbunden worden; zu den im Feste sich wiederholenden «Heilstaten» gehören auch die geschichtlichen Heilstaten Jahwes; der Mythus hat einen geschichtlichen «Kern» erhalten, eben die geschichtlichen Überlieferungen, die sich in dem geschichtlichen «credo», wie v. RAD es ausdrückt, Ausschlag gegeben haben. Diese Erinnerungen sind in das Fest und in die Festlegende hineingezogen und dabei «kultifiziert» worden, oder mit anderen Worten: die Religion Israels hat das kanaanäische «Naturfest» «historifiziert». Die israelitische «Legende» hat insofern zwei Wurzeln : Epiphaniefest und Geschichtstradition; diese ist sozusagen auf jenes eingepfropft worden.

[218] Dass «und die *mišpāṭim*» V. 3 ein Zusatz desjenigen, der M mit unserem Bericht verband, ist einleuchtend.

[219] Vv. 15b–18a gehören, wie wir schon gesehen haben, zu P, s. S. 17f.

[220] S. GESENIUS-BUHL[16] s. v.

[221] S. *Le Décalogue*, S. 114ff.

[222] Nicht hinter 19:19, wie ich in *GTMMM* I, S. 147 angedeutet hatte.

[223] V. 1b ist vielleich vom Redaktor hinzugesetzt.

[224] Dass Nadab und Abihu, und damit die Summe 74, nicht ursprünglich sind, ist allgemein angenommen. Sie entstammen der P-Tradition und R[JP]. Dass Ahron hier sekundär sein sollte und die 70 Ältesten die alleinigen Vertreter des Volkes, wie NOTH (*Überlieferungsgesch. d. Pentateuchs*, S. 196) meint, ist äusserst unwahrscheinlich; dagegen spricht schon die Anzahl 70 + 1 (Mose); die ursprüngliche Zahl ist gewiss 72.

[225] Das hat auch GRESSMANN klar gesehen und begründet, s. *Mose und s. Zeit* S. 218ff; *Schr. d. A. T. in Ausw.* II 1, S. 68ff. — Den vielen von GRESSMANN gefundenen «Varianten» braucht man nicht beizupflichten.

[226] Vgl. GRESSMANN, *Mose u. s. Zeit*, S. 186ff.

[226a] Dass auch die im alten Orient weit verbreitete Sitte der Einmeizelung von

²²⁷ V. 34:1b ist redaktionell, s. oben S. 67.
²²⁸ Vgl. Le Décalogue S. 36–43.
²²⁹ Vgl. Le Décalogue, S. 141ff.
²³⁰ Le Décalogue, S. 138ff.
²³¹ Mose u. s. Zeit, S. 199–240.
²³² EISSFELDT, «Die Komposition der Bileam-Erzählung. Eine Nachprüfung von Rudolphs Beitrag zur Hexateuchkritik», ZATW 57, 1939. S. 212ff.
²³³ MOWINCKEL, «Der Ursprung der Bileamsage», ZATW 48, 1930, S. 233ff.
²³⁴ op. cit. S. 245ff.
²³⁵ Auf die Frage der Historizität Bileams (vgl. ALBRIGHT, Archaeology and the Religion of Israel, 1942, S. 209f) einzugehen, sehe hier keinen Grund. Kulturgeschichtliche Analogien zu Einzelheiten in einer Sage sind natürlich kein Beweis für die Geschichtlichkeit derselben.
²³⁶ Worte EISSFELDTs, op. cit. S. 218.
²³⁷ MOWINCKEL, ZATW 57, S. 259.
²³⁸ Es ist eben deshalb klar, dass der Plural in LXX als die schwierigere Lesart vorzuziehen ist; der Sgl. in TM ist eine erleichterne Anpassung an das Folgende.
²³⁹ d. h. hier: von der deuteromistischen Landnahmegeschichte im Josuabuche beeinflusste.
²⁴⁰ Mose und seine Zeit, S. 310ff.
²⁴¹ Vgl. NOTH, Das Buch Josua, 1938, S. 79; Geschichte Israels², S. 61.
²⁴² S. Darüber mein Buch Tetrateuch — Pentateuch — Hexateuch [BZATW 90].
²⁴³ RUDOLPH sieht in Vv. 39–41 «eine Sondertradition», die der Verfasser des Kapitels (nach ihm J) aufgenommen hat. Das stellt die Sache auf den Kopf.
²⁴⁴ Wie der gegenwärtige Verfasser es versucht hat, s. oben Anm. 154.
²⁴⁵ STAERK in ZATW 42, S. 58ff; VOLZ-RUDOLPH, Elohist als Erzähler, S. 25ff.
²⁴⁶ Ich sehe eigentlich keinen Grund, diese offenbar alten Lokaltraditionen, bzw. Aitia, der älteren Quelle abzusprechen. S. übrigens NOTH, Das Buch Josua, S. 110; mit Jos 24 haben sie aber nichts zu tun.
²⁴⁷ Die einzigen von J genannten Ausnahmen sind eigentlich Bet'el Ri 1:22–27 und Chasor Jos 11:13; die Eroberung der letzteren Stadt fand aber erst in der Richterzeit statt, als eine Folge der in Ri 4f berichteten Begebenheiten. Auch YADINs Ausgrabungen haben nicht eine frühere Eroberung etwa «unter Josua» bewiesen.
²⁴⁸ Das Buch Josua [Handb. z. A. T. 17], S. Xff.
²⁴⁹ Überlief.gesch. Studien, I, S. 40.
²⁵⁰ S. meinen kurzen Kommentar in GTMMM II, 1935.
²⁵¹ NOTH spricht von den 2 «Heldengeschichten» in Jos 10 und 11:1–9 (op. cit. S. XI). Ich finde die Bezeichnung nicht zutreffend. Der Kern der Überlieferung in Kp. 10 ist die ätiologische Makkedasage; in 11: 1–9 handelt es sich um eine stammesgeschichtliche Überlieferung, eine Variante zu der Jabinüberlieferung in Ri 4.

[252] S. auch mein *Tetrateuch — Pentateuch — Hexateuch*.

[253] Dass Adonibæsæq in TM einfach ein Schreibfehler ist, halte ich, trotz gelegentlichem Widerspruch, für einleuchtend.

[254] Darauf gehe ich in anderem Zusammenhange näher ein. Vgl. Anm. 247.

[255] D. h. wohl ursprünglich hinter Josva 11. Der ganze Komplex Jos 12–24:28 gehört zu P und dem Deuteronomisten. Zur näheren Begründung s. *Tetrateuch — Pentateuch — Hexateuch*. Kp. 12 enthält in der Tat die ganze «Eroberungsgeschichte» des P s. oben S. 35.

[256] G. HÖLSCHER, «Zum Ursprung der Rahabsage», *ZATW* 37, 1919/20, S. 54ff.

[257] Ich sehe keinen Grund, mit NOTH die Priester auf die Rechnung des Deuteronomisten zu setzen. Sie gehören mit der Lade zusammen, und die zerstörende Gottesmacht liegt auch in dem Schall der heiligen Posaunen.

[258] Die übrigen, auf S. 107 genannten, aus J stammenden Notizen stehen jetzt alle mitten in P-Umgebungen. Sie sind daher bei oder nach der Zusammenflechtung von J und P hineingekommen, meistens wohl aus der alten Vorlage in Ri 1 genommen.

[259] Zum Folgenden s. auch RUDOLPH, *Der «Elohist» als Erzähler*, S. 177f.

[260] S. MOWINCKEL, Artkl. «Tradition» in *The Interpreter's Dictionary*.

[261] FR. PAASCHE, *Norges og Islands litteratur* (FR. BULL & FR. PAASCHE, *Norsk litteraturhistorie* bd. I], Kristiania [Oslo] 1924, S. 409f.

[262] S. *Tetrateuch — Pentateuch — Hexateuch*.

[263] Wie DILLMANN, KUENEN, EDU. MEYER, HÖLSCHER, MOWINCKEL u. a. Die Beweise für die Unabhängigkeit des «E» von J, die etwa C. STEUERNAGEL, *Einleitung in das Alte Testament*, S. 215ff, oder AA. BENTZEN, *Indledning til Det Gamle Testamente*, S. 53, bringen, halten nicht Stich.

[264] Das Uneinheitliche und eben nicht Planmässige der jüngeren Tradition haben auch die Verfechter der «E»-Hypothese immer wieder empfunden. Das hat sich in den Hypothesen von mehreren Strata in «E» und von den verschiedenen Teilnehmern an dem Zustandekommen der «Elohimquelle», einem $E^1$, $E^2$, $E^3$ usw. je nach Bedarf, Ausschlag gegeben.

[265] In dem Aufsatz «Der Ursprung der Bileamsage» in *ZATW* 48, 1930; s. daselbst S. 270f.

[266] Gen 20:7; Dtn 18:15; 34:10. Die alten Erzählungen weisen keine nabiistischen Züge weder an Abraham noch an Mose auf. Nach Num 12 steht Mose hoch über allen *nĕbî'im*.

[267] *From the Stone Age to Christianity*[2], S. 189. Die Sperrungen von mir.

[268] S. oben S. 54.

[269] Vgl. T. B. L. WEBSTER, *From Mycenae to Homer*, London 1958 [Korrekturzusatz z. S. 8, Z. 14 v. o., Palästina als mesopotamisch-babylonische und ägyptische Kulturprovinz. Es ist interessant zu sehen, dass dies mit aller Klarheit von GRESSMANN schon in 1908 betont worden ist, s. sein *Die Ausgrabungen in Palästina und das Alte Testament*. [Religionsgeschichtliche Volksbücher III 10]. Tübingen 1908.]

## Berichtigungen

zu "Erwägungen zur Pentateuchquellenfrage."
NTT 65, 1964, S. 1ff.

S. 2, Z. 9 v.u. lies: gehaltenes
S. 8, Z. 15 v.o. l.: seinen sachlichen
S. 14, Z. 18 v.o. l.: deren
S. 17, Z. 15 v.o. l.: genannten
S. 22, Z. 20 v.o. l.: recht
S. 23, Z. 8 v.u. l.: Gesetzessammlung
S. 26, Z. 11 v.o. streiche: est
S. 27, Z. 1 v.o. l.: hinzugetan
S. 29, Z. 12 v.o. l.: enthalten.
S. 32, Z. 14 v.o. 18d, l.: 18a
S. 32, Z. 5 v.u. l.: Grundgesetz
S. 38, Z. 2 v.o., worden, l.: werden
S. 44, Z. 13 v.u. l.: Orakelzeltes
S. 49, Z. 10 v.u., mit, l.: mir

S. 51, Z. 1 v.o., sind, l.: ist
S. 56, Z. 2 v.u. 1. geistigen und nationalem
S. 57, Z. 14 v.o. 1.: Davididen in Verbindung zu setzen
S. 61, Z. 6. v.o. 1.: geleitete
S. 62, Z. 3 v.o. 1.: denselben
S. 66, Z. 5 v.o. 1.: stattgefunden
S. 68, Z. 1 v.o., ersten, l.: zweiten
S. 69, Z. 9 v.o., 1.: aus denen
S. 73, Z. 10 v.u. 1.: mit dem Kulte
S. 79, Z. 9f v.o. 1: Rechtsentscheidungen
S. 79, Z. 16 v.o. 1.: folgt
S. 82, Z. 12 v.o. 1.: 23:20-33
S. 82, Z. 14 v.o., sie, l.: ihnen
S. 90, Sp. 2, Z. 19 v.o. 1.: Gebote
S. 91, Z. 18 v.u. 1.: finden
S. 95, Z. 14 v.o. 1.: begnügt
S. 97, Z. 10 v.o. 1.: selbständigen
S. 98, Z. 16 v.u. 1.: deren

S. 101, Z. 12 v.o. l.: dies
S. 101, Z. 18 v.o. l.: in der
S. 103, Z. 9 v.o. l.: Geschichtssage
S. 105, Z. 18 v.o. l.: generellen
S. 109, Z. 5 v.u. l.: der Rahab
S. 113, Z. 14 und 27 v.o. l.: Gesammt-
S. 113, Z. 11 v.u. l.: und der von ihm
S. 114, Z. 15 v.u. l.: mit diesem
S. 114, Z. 4 v.u.: l.: Saga
S. 116, Z. 1 v.u. l.: Saga
S. 119, Z. 15 v.u. l.: können:
S. 122, Anm. 54, Z. 4, l.: mehr oder
S. 123, Anm. 87 l.: Levitic
S. 128, Anm. 165, l.: Entwickelung
S. 129, Anm. 180, statt 19:20 aα, l.: 19:2 aα;
statt 19:20,19, l.: 19:20.

S. 129, Anm. 188, 1.: zuzugeben
S. 131, Anm. 214, 1.: Umstand
S. 133, Anm. 235, 1.: sehe ich hier.
S. 135, Sp. 1, Z. 5 v.u., 135, 1.: 134
S. 136, Sp. 2, Z. 9 v.o. 135, 1.: 134

# VERFASSERREGISTER

Aharoni, S. 124.
Albright, S. 26, 36f, 39, 40f, 117, 118, 121, 123, 124, 125, 126, 128, 129, 131, 133.
Alt, S. 8, 36, 66, 72, 79, 120, 129, 130, 131.
Anderson, S. 9.
Astruc, S. 10.
Baentsch, S. 79, 80, 123, 130.
Baumgartner, S. 120.
Beer, S. 130.
Begrich, S. 124.
Bentzen, S. 9, 123, 134.
Berry, S. 130.
Bertholet, S. 28, 123, 130.
Bräunlich, S. 125.
Budde, S. 60, 125, 127.
Bull, S. 134.
Cassuto, S. 4, 12, 121.
Coppens, S. 71, 120, 125, 130.
Dahse, S. 1, 11, 119.
Dillmann, S. 134.
Eerdmanns, S. 1, 82, 100, 119.
Eichrodt, S. 119.
Eissfeldt, S. 9, 22, 25, 98, 100, 133.
Engnell, S. 3, 5, 9, 13, 16, 18, 119, 122, 124, 125, 130, 131.
Frankfort, S. 126.
Gadd, S. 126.
Gandz, S. 121.
Gard, S. 119.
Gerleman, S. 119.
Gesenius – Buhl, S. 132.
Goethe, S. 71.
Graf, S. 8.
Gray, S. 40, 124.
Gressmann, S. 3, 7, 49, 63, 77, 84, 96, 97, 102, 125, 127, 128, 129, 132, 133, 135.
Gunkel, S. 3, 7, 11, 27, 49, 61, 105, 121, 123, 124, 125, 131.
Haran, S. 123.
Hartmann, S. 125.
Henry, S. 123.
Hölscher, S. 22, 51f, 53, 109, 115, 118, 122, 125, 126, 127, 134.
Holzinger, S. 115, 130, 131.
Hommel, S. 40, 124.
Humbert, S. 25, 60, 122, 128.
Hupfeld, S. 3, 59, 120.
Ilgen, S. 3, 10, 120.
Jacobsen, S. 119.
Jeremias, S. 120.
Kaiser, S. 123.
Kaufmann, S. 37, 44, 45f, 125.
Kautzsch, S. 130.
Kittel, S. 6, 22, 65, 66, 120, 129.
Klostermann, S. 1, 2, 119.
König, S. 119.
Kosmala, S. 68, 129, 130.
Kuenen, S. 134.
Kuhl, S. 9.
Lammens, S. 125.
Langdon, S. 128.
Lindblom, S. 125.
Löhr, S. 2, 3, 9, 10, 119.
Meinhold, S. 123.
Messel, S. 23, 122, 125.
Metzger, S. 128.
Meyer, S. 95, 127, 134.
Michelet, S. 125, 128.
Möhlenbrink, S. 126.
Möller, S. 2, 119.
Morgenstern, S. 125.
Mowinckel, S. 120, 121, 123, 124, 125, 126, 127, 128, 129, 130, 133, 134.
Nielsen, S. 12, 13, 121.
Noth, S. 2, 9, 16, 20, 26, 34, 35, 36, 39, 40f, 47, 48, 49, 50, 51, 53f, 102, 104, 107f, 110, 119, 121, 122, 123, 124, 125, 126, 127, 131, 132, 133, 134.
Nyberg, S. 22, 43, 117, 119.
Oestreicher, S. 2, 3, 119.
Paasche, S. 134.

Pedersen, S. 3, 16, 63, 64, 120, 124, 125, 128, 131.
Pfeiffer, S. 9.
Procksch, S. 53, 112.
von Rad, S. 25, 52f, 53, 58, 61, 63, 122, 126, 132.
Reicke, S. 63, 128.
Rowley, S. 125.
Rubow, S. 2, 3, 11, 119.
Rudolph, S. 4, 5, 10, 15, 16, 25, 31, 48, 61f, 64, 65ff, 71, 72, 74, 75, 77, 78, 80, 82, 86, 87, 97, 98, 102, 115, 120, 124, 128, 129, 130, 133, 134.
Scheil, S. 120.
Sellin, S. 8, 65, 66, 120, 122, 129.
Smend, S. 60, 100, 127, 130.
Stade S. 123.
Staerk, S. 2, 3, 4, 10, 60, 105, 119, 120, 128, 133.
Steuernagel, S. 123, 134.
Volz, S. 3, 4, 5, 9, 10, 11, 13, 15, 16, 18, 20, 30, 48, 57, 63, 99, 100, 105, 106f, 115, 120, 128.
Webster, S. 135.
Weiser, S. 9.
Wellhausen, S. 5, 6, 7, 8, 16, 22, 26, 36, 37, 43, 47, 59, 65, 71, 87, 91, 105, 123.
Wiener, S. 2, 3, 119.
Yadin, S. 133.
Zimmern, S. 128.

## VERKÜRZUNGEN

| | |
|---|---|
| ActOr | = Acta Orientalia |
| BFChrTh | = Beiträge zur Förderung Christlicher Theologie |
| BWANT | = Beiträge zur Wissenschaft von Alten und Neuen Testament |
| BWAT | = Beiträge zur Wissenscaft von Alten Testament |
| BZATW | = Beihefte zur ZATW |
| FRLANT | = Forschungen zur Religion und Literatur d. Alten und Neuen Testamentes |
| JAOS | = Journal of the American Oriental Society |
| NKZ | = Neue Kirchliche Zeitschrift |
| NTT | = Norsk Teologisk Tidsskrift |
| SEÅ | = Svensk Exegetisk Årsbok |
| GTMMM | = Det gamle testament, oversatt avS. Michelet, Sigmund Mowinckel og N. Messel, I-V, Oslo 1929-63 |
| HUCA | = Hebrew Union College Annual |
| ICC | = International Cretical Commentary |
| IEJ | = Israel Ekploration Journal |
| JBL | = Journal of Biblical Literature and Exegesis |
| JPOS | = Journal of the Palestine Oriental Sosiety |
| MGWJ | = Monatsschrift f. Geschichte u. Wissenschaft d. Judentums |
| StTh | = Studia Theologia |
| ThR | = Theologische Rundschau |
| VT (Vet Test) | = Vetus Testamentum |
| ZATW | = Zeitschrift f. d. Alttestamentliche Wissenschaft |
| ZDPV | = Zeitschrift des Deutschen Palästina-Vereins |
| ZDMA | = Zeitschrift d. Deutschen Morgenländischen Gesellschaft |

INHALT:

|  | Seite |
|---|---|
| I. Neuere Angriffe auf die Quellenkritik | 1— 9 |
| II. Die Priesterschrift im Pentateuch | 9— 47 |
|    1. Die Frage | 9— 10 |
|    2. Die Flutsage | 10— 14 |
|    3. Andere «zweisträngige» Stücke | 15— 16 |
|    4. P kein blosser «Bearbeiter» oder «Sammler» | 16— 18 |
|    5. P's Theorie von den Gottesnamen | 19— 20 |
|    6. Die von P's Erzahlung umrahmten Gesetzesstoffe | 21— 24 |
|    7. P als «Erzähler» | 24— 26 |
|    8. P's Verhältnis zu J | 26— 43 |
|    9. P's Zeit | 43— 46 |
|   10. Heimat des P | 46 |
|   11. Notiz über die Zusammenarbeitung von J und P | 46— 47 |
| III. Der Jahwist | 47— 59 |
|    1. Umfang der mit P zusammengearbeiteten älteren Quelle, vorläufig als eine Einheit betrachtet | 47— 49 |
|    2. Über die von J aufgenommenen Stoffe | 49— 51 |
|    3. J's Geschichtskomposition | 51— 54 |
|    4. Eventuelle literarische Quellen | 54 |
|    5. Milieu | 55— 58 |
|    6. Die Zeit | 58 |
|    7. J ein literarisches Werk | 58— 59 |
| IV. Hat es einen Elohisten gegeben? | 59—118 |
|    A. Beispiele von unbegründeter Scheidung zwischen einem J und einem «E» | 60— 65 |
|      1. Die Urgeschichte | 60— 61 |
|      2. Die Josephgeschichte | 61— 63 |
|      3. Die Jakoberzählungen | 63— 64 |
|      4. Ex 1-15; 3:1-14 | 64— 65 |

B. Stellen, wo man ohne Quellenschiedung nicht auskommt...... 65—111
   1. Die Sinaiperikope Ex 19–24; 34 ....................... 65— 97
      a) Ex 34............................................ 65— 74
      b) Analyse von Ex 19*–23*: der Dekalog Ex 20:1-17 ..... 74— 78
      c) Die Mischpatsammlung, «das Rechtsbuch», Ex 21:1-22:27, ...................................... 78— 80
      d) Der Bundesoffenbarungsbericht in Ex 19*–23* ........ 80— 83
      e) Ex 24............................................. 83— 85
      f) Spuren von Zweisträngigkeif in Ex 19 ................ 85— 86
      g) Spuren von Zusammenarbeitung in Ex 34 ............ 87— 88
      h) Parallelität zwischen den beiden Berichten ............ 88— 92
      i) Das relative Alter derselben........................ 92— 93
      j) Ex 34 nebst Stücken von Kp. (19 und) 24 der ursprüngliche Bericht des J ................................ 93— 94
      k) Die Zusammenarbeitung der beiden Berichte ......... 94— 95
      1) Zur Traditionsgeschichte der Berichte ............... 95— 97
      m) Ex 32–33......................................... 97
   2. Die Bileamgeschichte .................................. 98— 99
   3. Gen 20:1-17; 21:8-21; 21:22-34 im Verhältnis zu 12:10-20; 16:1-14; 26:7-11; 26:12-33 ........................... 99—102
   4. Num 32 ............................................. 102—104
   5. Gen 15 .............................................. 104—107
   6. Der Landnahmebericht ................................ 107—111
C. Ergebnisse ................................................ 111—118
   1. Keine zusammenhängende Quellenschrift «E» ............ 111—116
   2. Schriftstücke oder mündliche Tradition ................. 116—117
   3. Gewisse Konsequenzen für die Traditionsgeschichte ...... 117—118

Anmerkungen ................................................ 119—135
Verfasserregister ............................................. 135—136
Verkürzungen................................................. 136

www.ingramcontent.com/pod-product-compliance
Lightning Source LLC
Chambersburg PA
CBHW071502160426
43195CB00013B/2181